edition suhrkamp 2364

Daß die Geisteswissenschaften systematisch blind sind gegenüber jenen Schichten kultureller Welten, die nicht in der Dimension von Sinn und Bedeutung angesiedelt und durch Interpretation zu erschließen sind, macht den Ausgangspunkt und die polemische Spitze dieser Streitschrift aus. Was der Hermeneutik entgeht, sind Phänomene der »Präsenz«: »Dinge der Welt« zu berühren und sich so in ein körperlich-räumliches Verhältnis zu ihnen zu setzen. In diesem Buch werden philosophische Kategorien entworfen, die über eine Rückwendung zu Phänomenen der Präsenz unser Verhältnis zu Ästhetik, Geschichte und Lehre neu bestimmen und in einer Welt, als deren Hauptzug Jean-François Lyotard die universelle Mobilmachung diagnostiziert hat, dem Wunsch nach Momenten der Gelassenheit Raum schaffen.

Hans Ulrich Gumbrecht, geboren 1948, ist Albert Guérard Professor für Literatur an der Stanford University. Im Suhrkamp Verlag erschien zuletzt: *Die Macht der Philologie. Über ein verborgenes Potential in der Tradition der Textwissenschaften* (2003) und *1926. Ein Jahr am Rand der Zeit* (2001).

edition suhrkamp 2364
Erste Auflage 2004

Satz: Jung Crossmedia Publishing, Lahnau
Druck: Books on Demand, Norderstedt
Umschlag gestaltet nach einem Konzept
von Willy Fleckhaus: Rolf Staudt
Printed in Germany
ISBN 978-3-518-12364-5

3 4 5 6 7 8 – 15 14 13 12 11 10

Hans Ulrich Gumbrecht

Diesseits der Hermeneutik
Die Produktion von Präsenz

Übersetzt von
Joachim Schulte

Suhrkamp

Inhalt

Dieses Buch ist
LAURA TERESA
gewidmet, deren Präsenz
mir jeden Morgen sagt,
daß ich lebendig bin

Gebrauchsanleitung

Titel

Die auf englisch geschriebene Originalfassung dieses Buchs ist (wenige Monate vor der deutschen Übersetzung) unter dem Titel »Production of Presence – What Meaning Cannot Convey« erschienen. Warum hat das Buch nun auf deutsch den Titel »Diesseits der Hermeneutik – die Produktion von Präsenz«? Antwort auf diese Frage ist die kurze Version einer sich über Jahre hinziehenden Geschichte. Denn bevor die Originalfassung ihren inzwischen definitiven Titel bekam, führte auch sie das Wort »Hermeneutik« im (Arbeits-)Titel: Jahrelang lagen Notizen und erste Textfragmente in einer Mappe, auf der die Worte »The Non-Hermeneutic« standen – und zwar »das Nicht-Hermeneutische« im Sinne des nun definitiven englischen Untertitels (»What Meaning Cannot Convey«), das heißt: das (in einem Text, an einem Kunstwerk, aber auch an einem Gebrauchsgegenstand), was sich durch Interpretation, und das heißt wiederum: durch Zuschreibung von Bedeutung oder Sinn, nicht einlösen läßt. Eines Tages fragte dann ein alter Freund (und berühmter Kollege) den Autor eben nach dem Titel seines im Entstehen begriffenen Buches, der damals noch ein Arbeitstitel war – und kaum hatte er wahrheitsgemäß mit den Worten »The Non-Hermeneutic« geantwortet, als der Freund und berühmte Kollege fast schon kurz angebunden kommentierte: »Nobody in America will care about a book under this title – not even those few potential readers who could understand it.« Das war natürlich ein echter Schock und Grund zu vorübergehender Depression für den Autor, der sich nolens volens und schon bald auf die Suche nach einem anderen Titel machte. Heute ist er rückblickend für diese Schocktherapie dankbar, denn er hält es für durchaus unwahrscheinlich, daß ihm ohne die Suche nach einem neuen Titel je klargeworden wäre, wie wichtig die Begriffe »Präsenz« und »Produktion« für das sind, worum es in diesem Buch geht. Aber als der Autor – und dies ist die letzte Drehung in dieser kurzen Version einer langen Geschichte – bei seinem Verlag in Deutschland vor etwa einem Jahr das englische Manuskript zur Übersetzung abgab, vernahm er nun wieder beinahe allgemeines Bedauern darüber, daß das Wort »Hermeneutik« aus dem Titel verschwunden war. So kam es bald mit den Worten »Diesseits der Hermeneutik« zu einer Beinahe-Rückkehr des allerersten Arbeitstitels. Dazu zwei Erklärungen: Mit »Diesseits der Hermeneutik« soll zunächst gerade nicht gesagt werden, daß das, worum es in diesem Buch geht, »auf der Seite der Hermeneutik« steht. Im Gegenteil, die »Produktion von Präsenz« wird als ein »Hier«, als ein »Diesseits« gedacht, gegenüber dem sich Interpretation und Sinnzuweisung schon immer »auf der anderen Seite« befinden. »Diesseits der Hermeneutik« soll eine Nähe-zu-den-Dingen, ein Auf-Reichweite-Sein evozieren, wie es vor jeglicher Interpretation gegeben zu sein scheint. Zweitens und vor allem aber hat es wohl Sinn, das Wort »Hermeneutik« in den deutschen Titel dieses Buchs zurückzubringen, weil wenigstens manche Leser in Deutschland wissen werden, daß vor mehr als hundert Jahren der Akt der Interpretation als zentrale Praxis der Geisteswissenschaften inthronisiert wurde – was zugleich die Hermeneutik als philosophische Reflexion über die Bedingungen der Interpretation zum Organon der Geisteswissenschaften machte. Der Titel »Diesseits der Hermeneutik« soll also signalisieren, daß in diesem Buch ein Problem traktiert wird, welches grundlegende Bedeutung für alle Geisteswissenschaften hat. »Produktion« und »Präsenz« aber, die beiden Begriffe des deutschen Untertitels, sind jene Begriffe, deren Neubestimmung im Zentrum des Buchs steht.

Grundbegriffe

In diesem Buch werden einige mehr oder weniger »philosophische« Begriffe in ungewohnter Weise verwendet. Um zu erklären, warum das so ist, sind jedoch so viele Seiten nötig, daß es nicht weit von der Wahrheit entfernt wäre, wenn man behauptete, diese fortwährende Erklärung und Komplexifizierung der Begriffe sei der Hauptzweck des Buches. Um Mißverständnisse und daran anschließende Enttäuschungen auf seiten der Leser von vornherein zu vermeiden, dürften einige – überaus elementare – Anfangsdefinitionen hilfreich sein. Das Wort »Präsenz« bezieht sich nicht (jedenfalls nicht hauptsächlich) auf ein zeitliches, sondern auf ein räumliches Verhältnis zur Welt und zu deren Gegenständen. Was »präsent« ist, soll für Menschenhände greifbar sein, was dann wiederum impliziert, daß es unmittelbar auf menschliche Körper einwirken kann. Das Wort »Produktion« wird in der Bedeutung seiner etymologischen Herkunft aus dem lateinischen Wort *producere* gebraucht, das sich auf einen Akt bezieht, bei dem ein Gegenstand im Raum »vor-geführt« wird. Hier wird das Wort »Produktion« also nicht mit der Herstellung von Artefakten oder Industriegütern in Verbindung gebracht. Dementsprechend verweist der Ausdruck »Produktion von Präsenz« auf alle möglichen Ereignisse und Prozesse, bei denen die Wirkung »präsenter« Gegenstände auf menschliche Körper ausgelöst oder intensiviert wird. Alle in ihrer »Präsenz« verfügbaren Objekte werden als »Dinge dieser Welt« bezeichnet. Es läßt sich zwar behaupten, daß kein Weltobjekt dem menschlichen Körper und dem menschlichen Geist je in unmittelbarer Form zu Gebote steht, aber dennoch konnotiert der Begriff »Dinge dieser Welt« auch einen Bezug auf das Verlangen nach solcher Unmittelbarkeit. Um den in diesem Buch üblichen Gebrauch des Worts »Sinn« (sowie der Wörter »Bedeutung« und »Sinnzuschreibung«) zu verstehen, braucht man keine linguistischen oder philosophischen Lexika zu konsultieren. Wenn man einem präsenten Ding einen Sinn zuschreibt – d. h. wenn man sich eine Vorstellung davon macht, was dieses Ding im Verhältnis zu einem selbst sein mag –, vermindert man offenbar die Wirkung, die dieses Ding auf den eigenen Körper und die eigenen Sinnesorgane haben mag. Entsprechend wird hier auch das Wort »Metaphysik« gebraucht. Dagegen spielen jene Bedeutungen des Worts »Metaphysik«, die auf das gleiche hinauslaufen wie »Transzendenz« oder »Religion«, keine Rolle, obwohl in den folgenden Kapiteln eine Reihe theologischer Begriffe und Motive erörtert werden. Das Wort »Metaphysik« bezieht sich auf eine bestimmte Einstellung, auf eine Alltagseinstellung wie auch auf eine wissenschaftliche Betrachtungsweise, die dem Sinn der Phänomene einen höheren Wert beimißt als ihrer materiellen Präsenz. Daher verweist das Wort auf eine Weltsicht, die stets in einen Bereich »jenseits« des »Physischen« (oder »darunter«) vorstoßen will. Im Gegensatz zu den Ausdrücken »Präsenz«, »Produktion« und »Dinge dieser Welt« spielt das Wort »Metaphysik« im Rahmen des begrifflichen Kleindramas dieses Buches die Rolle des Sündenbocks. Diese Sündenbockstellung teilt das Wort »Metaphysik« mit anderen Begriffen und Bezeichnungen, wie z. B. »Hermeneutik«, »cartesianische Weltsicht«, »Subjekt/Objekt-Paradigma« und vor allem »Interpretation«. Mit solchen begrifflichen Rollenverteilungen geht man zwar das Risiko des Zwanghaften ein, aber dennoch sollte klar sein, daß die in diesem Buch ausgesprochene Akzentuierung der »Präsenz«, der »Produktion« und der »Dinge dieser Welt« nicht so weit geht, daß alle Formen der sinngestützten Beziehung zur Welt verteufelt werden.

Worum es geht

Dieses Buch richtet sich in engagierter Form gegen die in der heutigen Kultur vorherrschende Tendenz, die Möglichkeit einer auf Präsenz basierenden Beziehung zur Welt preiszugeben und sogar aus dem Gedächtnis zu streichen. Das Buch will sich, spezifischer gesprochen, engagiert gegen die in den geisteswissenschaftlichen Fächern systematisch geübte Einklammerung von Präsenz und gegen die in diesen Fächern unbestrittene Zentralstellung der Interpretation wenden. Während sich die neuzeitliche westliche Kultur (einschließlich unserer Gegenwart) als ein Prozeß beschreiben läßt, bei dem die Präsenz fortschreitend preisgegeben wird und aus dem Gedächtnis verschwindet, kann es sich herausstellen, daß einige der heute von der avanciertesten Kommunikationstechnik produzierten »*special effects*« dazu beitragen, ein gewisses Verlangen nach Präsenz wiederzuerwecken. Die Stillung eines solchen Verlangens läßt sich jedoch nicht dadurch erreichen, daß die Präsenz einfach an die Stelle des Sinns tritt. Letzten Endes wird in diesem Buch ein Verhältnis zu den Dingen dieser Welt befürwortet, das zwischen Präsenz- und Sinneffekten oszillieren könnte. Präsenzeffekte richten sich jedoch ausschließlich an die Sinne. Daher stehen die von ihnen ausgelösten Reaktionen in keinem Zusammenhang mit der »Einfühlung«, d. h. sie haben nichts damit zu tun, daß man sich ausmalt, was in der Psyche einer anderen Person vor sich geht.

Affinitäten

Es gibt keine bestimmte wissenschaftliche »Schule« oder »Denkrichtung«, der sich der Inhalt dieses Buchs zurechnen ließe. Ganz bestimmt segelt das Buch weder im Kielwasser der europäischen Tradition der »Hermeneutik« (ganz im Gegenteil!) noch ist es eine Übung in »Dekonstruktion«, und von den »Cultural Studies« oder vom »Marxismus« (Gott behüte!) ist es sogar noch weiter entfernt. Es werden allerdings keine besonderen Ansprüche auf ethisch verdienstliche Werte wie »Respektlosigkeit«, »Widerstand« oder »Unabhängigkeit« geltend gemacht. Denn den Anregungen, die von den Arbeiten zweier bewunderter Freunde und Kollegen ausgehen, verdankt dieses Buch mehr, als sich darin sagen läßt. Die fünf Kapitel markieren einen Weg, dessen Richtung seit den 1980er Jahren durch Friedrich Kittlers Entdeckung einer neuen *sensibilité intellectuelle* für alle möglichen Formen von »Materialität« bestimmt wird. Durch Robert Harrisons einzigartigen Stil des Umgangs mit einigen klassischen Fragestellungen des philosophischen Existentialismus ist die Richtung jedoch sanft geändert und in überaus subtiler Form neu bestimmt worden, wobei es unter anderem um die Bedeutung geht, die der Raum, die Erde und die Toten für das menschliche Leben haben. Außerdem bietet das dritte Kapitel (»Jenseits des Sinns«) eine Erklärung einiger eher punktueller Affinitäten zwischen diesen Gedanken über »Präsenz« und einer Reihe neuerer Bücher aus verschiedenen Bereichen der Geisteswissenschaften. Diese vielfältigen Affinitäten konvergieren allerdings nicht in der Verheißung (oder Androhung) eines neuen geistigen Standpunkts oder eines neuen wissenschaftlichen Paradigmas. Und schließlich möchte der Autor zwar einräumen, daß es für ihn immer schwieriger geworden ist, sich ein von der Philosophie Martin Heideggers losgelöstes Bild von der eigenen Arbeit zu machen, aber andererseits wäre das letzte Etikett, das er sich anheften lassen möchte, die Bezeichnung »Heideggerianer«. Die Gründe, weshalb sich der Autor dagegen sträubt, sind nicht philosophischer Art.

Tonlagen

Manchen Lesern des ursprünglichen Buchmanuskripts ist ein sonderbarer Wechsel aufgefallen zwischen einem im ersten und im letzten Kapitel überraschend (um nicht zu sagen: unerhört) deutlich angeschlagenen »autobiographischen« Tons und einem eher wissenschaftlichen Stil in den Kapiteln dazwischen. Andere fanden das Egozentrische des ganzen Manuskripts überhaupt inakzeptabel – und das ist ein Tadel, den der Autor angesichts der skandalös großen Zahl eigener Bücher und Artikel, die er in den Anmerkungen erwähnt, nicht ohne weiteres von sich weisen kann. Daher fühlt er sich dazu verpflichtet zuzugeben, daß er keine gute Entschuldigung und erst recht keine überzeugenden Gründe für die Art der Formulierungen des Buchs zum Ausdruck bringt. (Aber hat es denn dafür überhaupt je eine »gute« Entschuldigung gegeben?) Freilich hat sich der Autor zum Teil deshalb gezwungen gefühlt, in dieser spezifischen Form zu schreiben, weil er es für nötig hielt, in einem geistigen Raum mit seltsam verschwommenen Konturen einen spezifischen Ort für sein ganz persönliches Engagement zu finden (sowie für die Art und Weise, in der dieses Engagement zum Vorschein gekommen war). Allerdings hat der Autor niemals eine Entscheidung oder eine Wahl getroffen, bei der es um die diskursiven Veränderungen des Buchs gegangen wäre. Vielleicht sind diese Veränderungen jedoch nicht bloß eine persönliche und individuelle Reaktion auf eine geistige Umgebung, in der seit langem bestehende Gewißheiten, Standpunkte und Schulen verblassen, ohne daß sich neue Gewißheiten, Standpunkte und Schulen am Horizont abzuzeichnen scheinen. In diesem Sinne hat einer der besonders verständnisvollen (und äußerst großzügigen) Freunde des Autors vor kurzem gemeint: Unter solchen Umständen können wir gar nicht umhin, unsere eigene geistige Umgebung zu sein, und außerdem müssen wir selbst sogar der Bezugsrahmen sein für die Arbeiten, die uns interessieren.

Wiederholungen und Struktur

Einige theoretische Motive, einige Zitate, einige Argumente und sogar einige Definitionen tauchen in den folgenden Kapiteln mehrmals auf – so als wäre das Buch nicht das, was es wirklich ist, nämlich eine von der ersten bis zur letzten Seite in einem Zug konzentriert und ohne Unterbrechung niedergeschriebene Abhandlung, sondern eine schlecht redigierte und nur äußerlich in Buchform gebrachte Essaysammlung. Der Grund für die Vielzahl der Wiederholungen muß darin liegen, daß die erste Anregung zu dem Buch nicht in argumentativer Reihengestalt kam, sondern als intensive Eingebung (und als Eingebung ist sie durchweg spürbar geblieben). Der Autor hat sein Bestes getan, um diese intuitive Vorstellung von »Präsenz« in eine konventionelle, narrative Darstellung (in eine »Generationsgeschichte«, wie ein Freund und Leser meinte) umzuformen, die in der Vergangenheit beginnt, in der Gegenwart gipfelt und mit einem Ausblick auf künftige Möglichkeiten endet. Trotz dieser narrativen Oberfläche kommt dem Autor die von ihm vollzogene geistige Bewegung wie eine in konzentrischen Kreisen voranschreitende Komplexifizierung vor. Aus diesem Grund hat er seinen heldenhaften Kampf gegen die Wiederholung irgendwann aufgegeben – und aus dem gleichen Grund gibt er sich jetzt der Hoffnung hin, künftigen Lesern könnten diese Wiederholungen als Schrittmacher dienen.

Materialität / Das Nichthermeneutische / Präsenz – Anekdoten über epistemologische Verschiebungen

I

Vielleicht kann man den Anspruch dieses Buches »antiklimaktisch« nennen – doch falls das Wort überhaupt angemessen wäre, würde der antiklimaktische Anspruch sicher nicht so weit gehen, wie manche Freunde aus meiner eigenen Generation es gern hätten. Damit wäre nicht impliziert, daß alles Antiklimaktische zugleich »revolutionär« ist (sei's in der intellektuellen oder in der politischen Bedeutung des Wortes). Derzeit sind viele Wissenschaftler und die meisten Studenten in den Geisteswissenschaften nicht ohne Grund (und mitunter aus stichhaltigen Gründen) der »Theorie« überdrüssig, das heißt: Sie haben genug von einer häufig aus der Philosophie importierten oder von der Philosophie inspirierten Form abstrakten Denkens, von deren »Anwendung« wir früher glaubten, sie könne für Energie sorgen und damit der Lehre und dem Schreiben zugute kommen. In einer Zeit also, da wir der »Theorie« müde geworden sind, wird dieses Buch einen bestimmten »theoretischen« Schachzug nahelegen, der unserem Umgang mit allen möglichen kulturellen Artefakten tatsächlich neue Energie zuführen und uns womöglich sogar die Fähigkeit verleihen könnte, wieder eine Beziehung zu manchen Phänomenen unserer Gegenwartskultur herzustellen, die jetzt außerhalb der Reichweite der Geisteswissenschaften zu liegen scheinen. Um die Art und Weise, in der ich diesen Anspruch zu begründen versuche, möglichst bündig zu kennzeichnen: Dieses Buch wird eine weithin institutionalisierte Tradition anfechten, der zufolge die Interpretation – also die Ermittlung und/oder die Zuschreibung von Sinn die zentrale Praxis, ja die alleinige Zentralpraxis – der Geisteswissenschaften ist. Begriffe wie »Materialität«, das »Nichthermeneutische«, die »Präsenz« und einige andere werden sowohl für diese Anfechtung des Universalitätsanspruchs der Interpretation, aber auch für wissenschaftliche Praktiken stehen, die ergänzend zur Interpretation hinzukommen könnten. Wahrscheinlich wäre das Adjektiv »epistemologisch« ein geeigneteres Wort zur Kennzeichnung der vorherrschenden Argumentationsebene dieses Buchs, ohne daß damit versucht werden soll, von dessen antiklimaktischer Haltung abzurücken. Es verspricht nämlich keine neuen positiven Erkenntnisse beizubringen oder den herkömmlichen Wissensbestand zu revidieren, sondern es geht um ein Überdenken und letztlich um eine Neukonfiguration einiger Bedingungen der geisteswissenschaftlichen Wissensproduktion. Daß die in den Geisteswissenschaften exklusive Stellung der Interpretation angefochten wird, bedeutet aber nicht, daß dieses Buch »interpretationsfeindlich« wäre. Es geht gar nicht um eine antihermeneutische Einstellung, sondern um unser Verständnis und nach Möglichkeit um eine Beschreibung von »Präsenz«. Aus dieser Gesinnung heraus wird das Buch beispielsweise empfehlen, wir sollten das ästhetische Erleben als ein Oszillieren (und mitunter auch als Interferenz) zwischen »Präsenzeffekten« und »Sinneffekten« begreifen.

Mein Buch ist also zukunftsorientiert (was heute vielleicht, irgendwie seltsamerweise, antiquiert wirkt) und zugleich eingebettet in ein Bewußtsein seines antiklimaktischen Gestus (was sich keiner vorsätzlichen Strategie, sondern dem Zufall verdankt – ich habe dies schlicht sehr viel später geschrieben, als ich es hätte schreiben sollen). Daher kommt es, daß der Leser des öfteren in die geistige Vergangenheit zurückgeführt wird, und zwar mit dem Ziel, auf ganz verschiedenen Ebenen und mit unterschiedlichen Absichten offenzulegen, »wo es herkommt«. Der Rückblick dieses Eingangskapitels ist in chronologischer Hinsicht kurz und, nachgerade mit Notwendigkeit, überaus persönlich gehalten. Es wird versucht, die Fahrten zu schildern, die der Autor im Laufe der letzten fünfundzwanzig Jahre etwa auf dem See (beileibe nicht auf dem Ozean) der Theorie unternommen hat. Dafür gibt es zwei Gründe. Der eine Grund ist der, daß diese See-Fahrten vielleicht mehr oder weniger typisch sind für eine Generation von Wissenschaftlern, die heute (ausschließlich aus Altersgründen – sei's zum Guten oder Schlechten) die geisteswissenschaftliche Szene dominieren. Zur gleichen Zeit (und das ist der zweite Grund dafür, mit einem kurzen Rückblick anzufangen) kann dieser generationsspezifische Ansatz als Teil eines viel umfassenderen und weit längerfristigen epistemologischen Wandels gesehen werden – eines Wandels, dessen Geschichte das zweite Kapitel zu erzählen trachtet. Das zweite Kapitel beginnt mit dem Auftauchen der frühneuzeitlichen Subjektivität und versucht geltend zu machen, daß unsere jetzige epistemologische und kulturelle Situation von einer noch nicht überwundenen Krise überschattet wird, die in der Mitte des neunzehnten Jahrhunderts mit einer neuen Form der Weltbetrachtung aufgekommen ist. Die erste Szene dieser kurzen und anekdotischen Darstellung des Einleitungskapitels erinnert an den berühmten »Geist von 1968« – einen Geist, um dessen Wiederbelebung sich dieses Buch keineswegs bemühen wird –, und sie spielt in einem Land, das es nicht mehr gibt.

Aus Gründen, die der Autor nie so recht verstanden hat (die aber sowieso keine Rolle spielen), war er zusammen mit einem damals gerade als Gastprofessor in Deutschland wirkenden brasilianischen Freund ins jugoslawische Dubrovnik eingeladen worden, um am dortigen Inter-University Center an einem Kolloquium mit dem (nicht unter Garantie richtigen) Titel »Funktionen der Fiktion« teilzunehmen. An den Debatten der Kolloquiumswoche war zwar nicht allzuviel auszusetzen, doch was den beiden Freunden wirklich imponierte, war die Schönheit und Lebendigkeit dieser kroatischen Stadt. Das war ein Eindruck, den die beiden damals unbedingt mit Jugoslawiens offiziellem Status als sozialistischem Land in Verbindung bringen wollten. Ganz in der Frühe des Sonntagmorgens vor ihrer Abreise nach einer langen Nacht am Strand betrachteten die beiden Freunde den Sonnenaufgang (ohne zu merken, wie sehr sie in dieser Hinsicht Bouvard und Pécuchet ähnelten). Urplötzlich begann der brasilianische Freund mit jener hingebungsvollen Wehmut, die allen Kulturen mit portugiesischen Wurzeln eignet, und mit uncharakteristisch lauter Stimme sein Bedauern über die Unwahrscheinlichkeit einer Rückkehr nach Dubrovnik zu äußern. Da sich der deutsche Freund (kein anderer als unser Autor, der damals das typisch Deutsche dieser beiden Wünsche rundheraus bestritten hätte) als guter Freund und äußerst effizienter Mensch erweisen wollte, fühlte er die Pflicht, der sich drohend abzeichnenden Melancholie zu widerstehen, und daher beschloß er, die Möglichkeit einer Rückkehr nach Dubrovnik selbst in die energische Wissenschaftlerhand zu nehmen. Aus diesem Grund war er nicht einmal überrascht, als er nur wenige Wochen später vom Direktor des Inter-University Center einen Brief erhielt, in dem die – unverzüglich angenommene – Einladung ausgesprochen wurde, ein für zwei Jahre später angesetztes Kolloquium zu organisieren. Heute würde der Autor sagen, ohne diese adriatische Vorgeschichte des Buches könne man sich von diesem Text eigentlich gar keinen Begriff machen.

2

Welches der Zweck (oder wie man damals lieber sagte: die »Funktion«) dieses Kolloquiums sein sollte, ist eine Frage, die sich in der fernen Vergangenheit des Jahres 1979 eigentlich gar nicht stellte. Der Autor hatte das (richtige) Gefühl und bedauerte (mit einer gewissen Dringlichkeit und heroischen Festigkeit), daß die durch das berühmte Jahr 1968 ausgelösten und auf allen möglichen linksgerichteten Theorien und politischen Idealen beruhenden Impulse zu einer Umgestaltung der Geisteswissenschaften nun rasch im Sande verliefen. Da der Drang, mehr über die Geschichte der (an der Universität betriebenen) Geisteswissenschaften zu erfahren, zu den neuen Interessen gehörte, die nach 1968 zum Vorschein gekommen waren, schien ein Symposium über dieses Thema, das zugleich der Neubelebung der ins Stocken gekommenen Theorie- und Reformdebatten dienen sollte, zwar nicht die einzige, aber gewiß eine besonders naheliegende Wahl zu sein. Damit begann im Frühjahr 1981 unter den hochfliegenden Schlagworten »international« und »interdisziplinär« eine Reihe von Kolloquien, die bis 1989 fortgesetzt werden sollten und die, wie sich der Autor heute schmeichelt, eine gewisse Wirkung auf seine Generation deutscher Geisteswissenschaftler hatten.[1] Wie jedes andere

1 Abhandlungen, die aus diesen Kolloquien hervorgingen, wurden in den folgenden Sammelbänden veröffentlicht: Bernard Cerquiglini u. Hans Ulrich Gumbrecht (Hg.), *Der Diskurs der Literatur- und Sprachhistorie. Wissenschaftsgeschichte als Innovationsvorgabe*, Frankfurt a. M. 1983; Hans Ulrich Gumbrecht u. Ursula Link-Heer (Hg.), *Epochenschwellen und Epochenstrukturen im Diskurs der Literatur- und Sprachhistorie*, Frankfurt a. M. 1986; Hans Ulrich Gumbrecht u. K. Ludwig Pfeiffer

Projekt, das man rückblickend als »erfolgreich« beurteilt, hatten die Kolloquien von Dubrovnik in einer Weise Erfolg, die von den ursprünglichen Absichten völlig abwich, und diese sowohl komplizierte als auch überraschende »Abweichung« ist der Hintergrund einer interessanten Geschichte über epistemologische Wandlungen.

Die ersten drei (von insgesamt fünf) Tagungen stützten sich auf eine einzige Grundannahme. Das war ganz trivial und unstrittig die Annahme, es sei möglich, aus der Vergangenheit zu lernen, und das gelte sozusagen ganz besonders für die Geschichte der Universitätsfächer. Daher erkundeten wir die erst knapp zwei Jahrhunderte, in denen es so etwas wie eine institutionalisierte Literatur- und Sprachwissenschaft gegeben hatte, dreimal und aus vielen verschiedenen Blickwinkeln in der Hoffnung, »Orientierungen« für die Zukunft dieser Wissenschaft ausfindig zu machen. (Da die meisten von uns Literaturwissenschaftler waren, bezogen wir die Linguistik aus einer Gesinnung heraus ein, die einer moralischen Verpflichtung recht nahe kam: Da wir uns über den gemeinsamen Ursprung von Literatur- und Sprachwissenschaft im klaren waren, glaubten wir kein Recht zu haben, uns allein auf die Literaturwissenschaft zu konzentrieren.) Doch während wir uns sowohl durch die Erfahrung mit den sich ganz natürlich entfaltenden und intensiv geführten Debatten zwischen den zahlreichen dort vertretenen Universitätsfächern als auch durch eine vielleicht für jede jeweils »jüngere Generation« einer Berufsgruppe typische Beschwingtheit ermutigt fühlten, blieben die greifbaren Resultate unserer Suche offen gesagt enttäuschend. Die historische Entwicklung der Literatur- und der Sprachwissenschaft erwies sich zwar als eine Geschichte, die für uns, die wir ihre Gegenwart vertraten, voller interessanter und mitunter sogar anrührender Episoden war, doch alles, was wir in Erfahrung brachten, summierte sich zu der Gewißheit, daß die Vergangenheit dieser Fächer zu verschieden war von unserer Gegenwart, als daß sie je irgendwelche Empfehlungen für ernsthafte Verände-

(Hg.), *Stil – Geschichten und Funktionen eines kulturwissenschaftlichen Diskurselements*, Frankfurt a. M. 1986; Hans Ulrich Gumbrecht u. K. Ludwig Pfeiffer (Hg.), *Paradoxien, Dissonanzen, Zusammenbrüche. Situationen offener Epistemologie*, Frankfurt a. M. 1991.

rungen unserer Überzeugungen und Verfahrensweisen enthalten könnte. Als wir dann beim zweiten Kolloquium von einem allgemeinen historischen Ansatz zur Geschichte der in unseren Fächern geübten historischen Periodisierung übergingen und uns beim dritten Kolloquium mit dem kritischen Gebrauch beschäftigten, den man bisher vom Begriff »Stil« gemacht hatte, überkam uns außerdem ein Gefühl, das man vielleicht als »den Taumel des Konstruktivismus« bezeichnen könnte. So banal das heute klingen mag, wir entdeckten – auf einem steinigen, vielleicht aber auch enttäuschend bequemen Weg – unweigerlich, daß natürlich jede Form der Periodisierung möglich war; daß das Material aus der Vergangenheit von Literatur und Sprache solchen narrativen Strukturen keinen »natürlichen« Widerstand entgegenzusetzen hatte; und daß es, was zu der gleichen Enttäuschung noch hinzukam, kaum eine typologische Herangehensweise an die Vergangenheit gab, die sich nicht auf die eine oder andere Lesart des Begriffs »Stil« basieren ließ. Sechs Jahre nach dem wehmütigen Sonnenaufgang am Strand von Dubrovnik – und drei überraschend erfolgreiche Bände mit »Kongreßakten« später – waren wir in recht paradoxer Weise sowohl enttäuscht als auch ermutigt genug, um nach einer völlig anderen Ausrichtung unserer Diskussionen Ausschau zu halten.

Zur entscheidenden Einsicht kamen wir im April 1985, als wir, wieder an einem Sonntagmorgen, die sich durch die Altstadt von Dubrovnik hindurchziehende, mit Marmor gepflasterte Straße »Stradun« entlangspazierten. Anstatt weiterhin mit langwierigen Abstechern in die Geschichte unserer Fächer auf unserem imaginären Weg zu einer möglichen geistigen Zukunft weiterwandern zu wollen, waren wir alle sofort überzeugt (ja, es war wirklich wie die Parodie eines kollektiven Erweckungserlebnisses), als einer von uns mehr oder weniger nebenbei das Thema »Materialität der Kommunikation« vorschlug. (Der Autor neigt zu der Ansicht, daß der Vorschlag von Anton Kaes kam, der schon damals in Berkeley lehrte, wo er auch heute noch amtiert, aber es hätte durchaus auch Karlheinz Barck sein können, der damals aus Ostberlin kam und heute in Berlin tätig ist.) Dieser provisorische Titel hatte einen wahrhaft futuristischen Klang. Das Wort »Kommunikation« hörte sich verheißungsvoll an, denn damit wurde preisgegeben, was nach unserem Gefühl eine zu enge und zu traditionelle Ausrichtung der Literaturwissenschaft auf die »Literatur« war (dies war schließlich die gleiche Zeit, in der viele von uns Literaturwissenschaftlern die Hoffnung fallengelassen hatten, die jahrhundertelangen Bemühungen um die Ermittlung eines metahistorisch und transkulturell tragfähigen Begriffs von »Literatur« könnten je zu einem befriedigenden Ergebnis führen). Aber vor allem schienen beide Begriffe – »Kommunikation« wie »Materialität« – eine Alternative zur Endlosigkeit der Interpretation und der in immer neuen Weisen geübten Erzählung des Vergangenen zu versprechen. Denn obwohl überhaupt nicht abzusehen war, wie eine Alternative zur Praxis der Interpretation aussehen könnte, sehnten wir alle uns – ganz naiv – nach einem Widerstand gegen den geistigen Relativismus, der (nach Ansicht mancher Autoren ganz unvermeidlich) mit der Kultur der Interpretation einhergeht. Ohne viel über die Gründe für unseren Überdruß nachzudenken oder zu fragen, ob es wirklich eine Alternative gab, wollten einige von uns eine nüchternere Kultur der komplexen Beschreibung, deren Wirken wir in den Naturwissenschaften beobachteten (aber daß man nach Alternativen einfach nicht fragt, ist eben die Stärke der Augenblicke geistigen Wandels). Außerdem bewegten sich unsere Hoffnungen irgendwo zwischen der zynischen und der naiven Erwartung, daß wir durch die überwältigend einleuchtende Konvergenz zwischen »Materialität« und »Materialismus« erstens dazu verpflichtet wären, dem Marxismus treu zu bleiben (für den sich fast alle von uns in noch jüngeren Jahren entschieden hatten und der bei einigen von uns – mit ganz schlechtem Gewissen – soeben seine Überzeugungskraft einzubüßen begonnen hatte), und daß zweitens unsere Kollegen aus mehreren osteuropäischen Ländern – was damals hieß: aus den sozialistischen Staaten – die Möglichkeit erhalten würden, zwei Jahre später wieder nach Dubrovnik zu kommen. Denn neben der Schönheit der dalmatinischen Adria gab es einen strategischen Grund für unsere Entscheidung, Dubrovnik zur Stätte unserer Kolloquien zu machen: Jugoslawien war damals wahrscheinlich das einzige Land Osteuropas, das Wissenschaftlern aus dem Westen völlig offen stand und bei dem die übrigen sozialistischen Staaten zumindest keinen einleuchtenden ideologischen Grund hatten, die Angehörigen ihrer wissenschaftlichen Elite von der Reise dorthin abzuhalten.

Vor dem Titelblatt des 1988 erschienenen Bands *Materialität der Kommunikation* steht die – irgendwie unbeholfene – Schlüsseldefinition des diesem Thema gewidmeten Kolloquiums, das dann wirklich zwei Jahre nach jenem beschwingten Sonntagmorgengespräch auf der Stradun stattfand. »Materialität der Kommunikation« thematisieren, steht dort, heiße »die Frage nach den selbst nicht sinnhaften Voraussetzungen, dem Ort, den Trägern und den Modalitäten der Sinn-Genese stellen«. Nun, obwohl Erinnerungen an die eigene Jugend die Tendenz haben, eine allzu goldene Färbung anzunehmen, möchte der Autor behaupten: Sofern überhaupt eine der von ihm besuchten (mehr oder weniger) wissenschaftlichen Zusammenkünfte das Lob verdient, nicht nur »ermutigend«, »beschwingend«, »dionysisch«, »karnevalesk« (im besten Sinne des Wortes, wie man sich selbst nach so vielen Jahren immer noch hinzuzufügen bemüßigt fühlt) und ironischerweise vielleicht »bedeutungsvoll«, sondern auch »geistig produktiv« gewesen zu sein, dann war es gewiß die Tagung über »Materialität der Kommunikation« im Frühjahr 1987. Das jedenfalls war unser euphorischer Kollektiveindruck. Wir alle hatten das belebende und berauschende Gefühl, als Mitwirkende an einem einschneidenden Wandel beteiligt zu sein, und erst aus der zunehmenden Distanz des eigenen Rückblicks entdeckten wir allmählich die vielfältigen Affinitäten in unserer geistigen Umwelt, die uns zumindest teilweise Aufschluß gaben über unsere Themenwahl und die berauschende Begeisterung, die dadurch hervorgebracht worden war.

In jenen Tagen herrschte beispielsweise eine weitverbreitete Begeisterung für jene Ebene in Walter Benjamins Arbeiten, auf der er nicht philosophisch zu sein versucht, sondern den unmittelbaren physischen »Kontakt« mit kulturellen Gegenständen preist. (Daß diese Faszination noch nicht deutlich unterschieden wurde von Benjamins Bemühungen um das Bekenntnis zum Marxismus, machte sie für uns erst recht anziehend.) In unserer viel näheren geistigen Umwelt gab es den damals immer noch zunehmenden Erfolg von Friedrich Kittlers wahrhaft bahnbrechendem Buch *Aufschreibesysteme 1800/1900*, das sowohl eine »psychohistorische« These über die geisteswissenschaftliche Dominanz des Paradigmas der Interpretation *und* einen alternativen, im Begriff der »Psycho-Physik« komprimierten Untersuchungsstil anbot. Dieser Untersuchungsstil stand in Zusammenhang mit der Frage, wie intellektuelle Bewegungen durch technologische Neuerungen und deren Anwendung bei der Erfindung neuer Kommunikationsmittel in Gang gebracht werden. Ferner gab es da den bedeutenden Mediävisten Paul Zumthor, der in seinem intellektuellen Habitus von Kittler denkbar verschieden war. (Diese Verschiedenheit hielt sie nicht davon ab, eine geistige Zuneigung zueinander auszubilden.) Zumthor hatte damals gerade den semiotischen Zugang zur Literatur aufgegeben, der seine Arbeiten so berühmt gemacht hatte. Seine Aufmerksamkeit wechselte gerade von den die Semiotik ausschließlich beschäftigenden Sinnstrukturen zur Entwicklung einer Phänomenologie der Stimme und der Schrift als körperzentrierten Kommunikationsmodi. Während Kittler und Zumthor an dem Kolloquium über »Materialität der Kommunikation« teilnahmen, fühlten wir uns auch durch die Arbeit einiger Philosophen ermutigt, die unsere Einladung an die adriatische Küste nicht angenommen hatten. Zu ihnen gehörte Jean-François Lyotard, der 1985 im Pariser Centre Pompidou eine Ausstellung unter dem Titel »Les Immatériaux« organisiert hatte und dabei von der These ausgegangen war, durch die Revolution der elektronischen Medien sei eine rasch zunehmende Immaterialisierung – was zumindest zum Teil soviel hieß wie: eine Entkörperlichung – des menschlichen Lebens in Gang gekommen. Einen geistigen Verbündeten wollten wir aber auch in Jacques Derrida sehen, der am Anfang seines philosophischen Entwicklungsgangs (also über zwanzig Jahre vor unserem Kolloquium) behauptet hatte, die systematische Ausklammerung der »Exteriorität des Signifikanten« sei ein Hauptgrund für die (wie wir nur allzu gern glaubten) verheerende Vorherrschaft des »Logo-Phonozentrismus« in der abendländischen Kultur. Mit anderen Worten, daß man z. B. die Materialität der auf Wachs, Papyrus oder Pergament geschriebenen Zeichen nicht in Betracht zog, wurde als historische Bedingung der Dominanz des »Sinns« und des »Geistes« in der abendländischen Kultur gesehen. Obwohl wir erkannten, daß Michel Foucault und Niklas Luhmann weiter von dem vagen, aber begrifflich übervollen Zentrum unserer eigenen Begeisterung entfernt waren als Kittler, Zumthor, Lyotard und sogar Derrida, waren wir ganz erpicht darauf, in den

Arbeiten dieser beiden Autoren ebenfalls Affinitäten ausfindig zu machen. Denn auch wenn sich sowohl Foucaults Diskursanalyse als auch Luhmanns Systemtheorie aus heutiger Sicht als stark auf dem Sinnbegriff basierende Ansätze zur Deutung von Kultur und Gesellschaft darstellen, wollten wir die ostentative Distanz, die sie beide gegenüber jeder auf dem Subjektbegriff beruhenden philosophischen Tradition wahrten, mit unseren eigenen ödipalen Regungen gegen eine subjektzentrierte Kultur in Verbindung bringen (ohne daß diese Regungen auf eine »Kritik« dieser Kultur hinausliefen). Wie alle anderen auch, schätzten wir in jenen Jahren anregende (und überaus metaphorische) Konzepte zur Selbstbeschreibung wie Foucaults berühmtes Bild vom Begriff der »Menschheit« als einer in den Strandsand gezeichneten Gestalt, sein Lob der »Positivität der Fakten« oder des »Archivs«, und ebenso bewunderten wir die nachgerade technologische Würze, die wir in Luhmanns Schriften entdeckten (und häufig zu imitieren versuchten).[2]

Es war klar und – wie man aus dem Abstand zweier Jahrzehnte hinzufügen könnte – keineswegs verwunderlich, daß unsere (nicht sonderlich bedrohliche) ödipale Revolte eigentlich recht gut abgesichert und abgefedert war durch die Arbeiten einiger Wissenschaftler und Philosophen der vorangehenden Generationen, die wir besonders verehrten. Kein Zweifel, die Interpretation wurde von allen Seiten unter Beschuß genommen (Susan Sontags berühmter Essay »Against Interpretation« schien unser eigenes Gefühl nur zu bestätigen) – zumin-

2 Siehe Friedrich Kittler, *Aufschreibesysteme 1800/1900*, 3. Aufl. München: 1995. Die englische Übersetzung von Michael Metteer und Chris Cullens (*Discourse Networks 1800/1900*, Stanford 1990) enthält eine vorzügliche Einleitung von David Wellbery, in der ein komplexes Bild der geistigen Umwelt von Kittlers Buch – die zugleich den Kontext der Dubrovnik-Kolloquien bildete – gezeichnet wird. Siehe ferner: Paul Zumthor, *Introduction à la poésie orale*, Paris 1983; ders., *La Lettre et la voix. De la »littérature« médiévale*, Paris 1987; *Les Immatériaux. Épreuves d'écriture. Ourvrage publié à l'occasion de la manifestation Les Immatériaux*, Centre national d'art et de culture Georges Pompidou, Paris 1985; Jacques Derrida, *La Voix et le phénomène*, Paris 1967 (dt. *Die Stimme und das Phänomen*, Frankfurt a. M. 1979); zur Exteriorität des Signifikanten im Werk Derridas siehe David Wellbery, »The Exteriority of Writing«, *Stanford Literature Review* 9.1 [1992], S. 11-24); Niklas Luhmann, *Soziale Systeme*, Frankfurt a. M. 1992.

dest, was einige der hergebrachten Gewißheiten hinsichtlich ihrer Verfahrensweisen betraf, und zumindest soweit sie als geisteswissenschaftliche Zentralpraxis Ausschließlichkeitsansprüche erhob. Das ermutigte uns natürlich zu der Frage, welche sonstigen Probleme und Ansätze durch diese Ausschließlichkeit ausgeschlossen wurden. Im Rahmen der deutschen Tradition war Wilhelm Dilthey mit der Aura des Gründervaters der Geisteswissenschaften umgeben worden, worunter man im frühen zwanzigsten Jahrhundert einen Bereich verstand, in dem die Vorherrschaft der Interpretation zur offiziellen Lehre und zum Programm erhoben wurde; doch gerade Dilthey wurde in dem Diskurs, der sich in unserer Gruppe alsbald ausbildete, zum Sündenbock gemacht. Die »Hermeneutik« – also jene philosophische Reflexion über die Bedingungen der Interpretation, die Dilthey hatte fördern wollen – wurde für uns zum Synonym für »Interpretation«. Immer wenn wir uns von unserer irgendwie ödipal-revolutionären Gesinnung hinreißen ließen (denn eigentlich wollten wir nach wie vor die Fackelträger von 1968 sein), hatten wir das unbestimmte Gefühl, daß der von Dilthey vollzogene Schritt – aus einer umfassenderen epistemologischen Perspektive betrachtet – vielleicht reaktiver und abgrenzender gewesen sein könnte, als seine Bewunderer und seine Anhänger glaubten. Wir wollten ihn als eine geistige Gestalt sehen, die in ihrer Zeit die Zukunft der Geisteswissenschaften einzig und allein deshalb verpfändet hatte, weil sie sich bestimmte Probleme vom Leibe halten wollte. Das war natürlich ein typischer Verschwörungsmythos, und sofern überhaupt etwas Wahres daran war, hätten die Konsequenzen nur für die Lage in Deutschland gegolten – doch nun begann zweifellos eine bestimmte generationsspezifische Sicht unserer geistigen Vergangenheit und Gegenwart zum Vorschein zu kommen.

3

Die Vorgeschichte der fachwissenschaftlichen Inthronisierung der Hermeneutik ist jedoch das Thema des nächsten Kapitels. Damals in den 1980er Jahren blieb unsere Anfangsreaktion auf den eigenen Enthusiasmus viel stärker »zukunftsorientiert«

(wie wir uns seinerzeit zu sagen verpflichtet gefühlt hätten). Der Schritt in Richtung »Materialität der Kommunikation« hatte uns die Augen geöffnet für eine Vielfalt faszinierender Themen, die sich (zumindest annähernd) unter die Begriffe »Mediengeschichte« und »*body culture*« subsumieren ließen. Besonders faszinierend fanden wir die Frage, in welcher Form sich verschiedene Medien – verschiedene »Materialitäten« – der Kommunikation auf den von ihnen getragenen Sinn auswirken würden. Wir glaubten nicht mehr an die Möglichkeit, einen Sinnkomplex von seiner Medialität getrennt zu halten, d. h. getrennt von dem Unterschied zwischen seiner Erscheinung auf der gedruckten Seite, auf dem Monitor eines Computers oder als Voicemail-Botschaft. Wir wußten allerdings nicht so recht, wie wir mit dieser Schnittstelle zwischen Sinn und Materialität umgehen sollten. Im Gegensatz zu vielen anderen Wissenschaftlern, die ihre ganzen Forschungsbemühungen vor allem in Deutschland sogleich auf diese neuen Themen richteten, hatten die meisten von uns das Gefühl, wir seien in begrifflicher Hinsicht noch gar nicht darauf vorbereitet, sie in einer über das Metaphorische hinausgehenden Weise anzugehen. Insgeheim waren wir ganz froh darüber, daß wir wieder einmal der Hermeneutik vorwerfen konnten, die begriffliche und diskursive Reichweite unserer Fächer auf die Erfordernisse der Analyse allenfalls sinnbezogener Phänomene reduziert zu haben. Also mußte unser nächster, vorwärtsgerichteter Schritt darauf gerichtet sein, Begriffe zu entwickeln, mit denen man die neu entdeckten Themen in den Griff bekommen konnte. Indem wir das für 1989 angesetzte Dubrovnik-Kolloquium (mit dem die jugoslawische Serie zu Ende ging) unter die Überschrift »Paradoxien, Dissonanzen, Zusammenbrüche« stellten, gingen wir die Wette ein, daß die Konzentration auf historische Einzelfälle und geistige Konstellationen, von denen die Interpretation und die Sinnproduktion generell – aus einer Fülle von Gründen – vor Probleme gestellt worden waren, zumindest einige Anfangsbausteine für die Entwicklung eines Alternativdiskurses liefern würde – und das war der Zeitpunkt, da wir von einem »nichthermeneutischen« Diskurs zu reden begannen. Nach dem Kolloquium von 1989 mußten wir einsehen, daß uns die Thematisierung solcher Grenzphänomene und Grenzsituationen im Hinblick auf unsere Agenda der Entwicklung neuer Begriffe nicht weitergebracht hatte. Fallstudien zur Überprüfung der Grenzen unserer Konzepte und unserer epistemologischen Prämissen waren *eine* Sache; der Traum von der Überwindung dieser Konzepte und Prämissen war etwas völlig anderes.

Wenige Monate nach dem fünften Dubrovnik-Kolloquium verließ der Autor seine deutsche Universität und wechselte an einen Campus in Nordkalifornien. Dort gewährte man ihm großzügige finanzielle Unterstützung, um ein weiteres Kolloquium dieser Reihe zu organisieren, das im April 1991 an der Stanford University unter dem Titel »Writing / Écriture / Schrift« stattfand. Bei dieser Tagung merkten wir – und diesmal war die Enttäuschung wirklich groß –, daß wir den epistemologischen Schwung verloren hatten, der uns Mitte der 1980er Jahre angeregt hatte.[3] Denn mit der Wahl des Themas »Schrift« hatten wir uns in eine damals äußerst konventionell geführte Debatte verstrickt, bei der es um die philosophischen Grundlagen, die verschiedenen Spielarten und – in unseren besonders bilderstürmerischen Momenten – sogar um die Grenzen des dekonstruktivistischen Paradigmas ging. Da die Dekonstruktion einerseits immer schon auf die Unmöglichkeit der Setzung stabiler Sinnstrukturen gepocht und andererseits bereits seit langem ihr anfängliches Interesse an der »Exteriorität des Signifikanten« preisgegeben hatte, verloren wir offenbar jene Konstellation von Problemen und Interessen aus dem Auge, die wir unter der Überschrift »Materialität der Kommunikation« erobert hatten. Zur gleichen Zeit jedoch kam es, weitgehend unbemerkt, zu einer Transformation des Stils unserer grundlegenden Fragestellungen – und vielleicht geschah das unter dem Einfluß einer wissenschaftlichen Umgebung, in der die Absicht, ein neues Fach namens »Cultural Studies« zu entwerfen, zunehmend eine beherrschende Rolle spielte. Das Fach Cultural Studies versprach, kulturelle Phänomene und kulturelle Institutionen zu beschreiben und zu analysieren, anstatt ihnen einen Sinn zuzuordnen. Als der Autor 1993 ein Nachwort zur englischen Veröffentlichung einer Reihe von Essays aus dem *Materialität*- und dem *Paradoxien*-Band schrieb, stellte er daher zum erstenmal die These auf, in seiner wissenschaftlichen

3 Siehe Hans Ulrich Gumbrecht u. K. Ludwig Pfeiffer (Hg.), *Schrift*, München 1993.

Umgebung interessiere man sich nicht mehr so sehr für die Ermittlung von Sinn (also die »Interpretation«), statt dessen interessiere man sich jetzt sowohl auf der Ebene der historischen Einzeluntersuchungen als auch auf der metahistorischen Ebene vor allem für Probleme bezüglich der Entstehung von Sinn.

4

Provisorisch bezeichnete der Autor die neuen Forschungs- und Denkperspektiven, die aus dieser Abwendung von der Interpretation zu resultieren schienen, als das »nichthermeneutische Feld«, das er um vier Pole herum zu ordnen versuchte, die ihrerseits seiner Deutung des von Louis Hjelmslev entwickelten Zeichenbegriffs entsprachen. Hjelmslev verbindet die strukturalistische Unterscheidung zwischen dem »Signifikanten« und dem »Signifikat« (die bei ihm »Ausdruck« bzw. »Inhalt« heißen) mit der aristotelischen Unterscheidung zwischen »Substanz« und »Form«. Die vier Begriffe, die sich aus dieser Verbindung ergeben, sind »Substanz des Inhalts« und »Form des Inhalts« sowie »Substanz des Ausdrucks« und »Form des Ausdrucks«. Mit der Bezeichnung »Substanz des Inhalts« wollte sich Hjelmslev auf den Inhalt des menschlichen Bewußtseins vor jedem ordnenden Eingriff beziehen (dieser Begriff ähnelt dem, was man sonst »Imagination« oder »das Imaginäre« nennt). »Form des Inhalts« entspräche dagegen keiner räumlichen Äußerung von Sinnkomplexen, sondern ausschließlich den menschlichen Bewußtseinsinhalten in klar strukturierter Form (es besteht eine deutliche Affinität zwischen diesem Begriff und Michel Foucaults Vorstellung vom »Diskurs«). »Substanz des Ausdrucks« wären jene Materialien, durch die sich Inhalte im Raum manifestieren könnten – allerdings ehe sie irgendwie zu Strukturen gestaltet werden: Demnach wäre die Farbe (nicht *color*, sondern *pigmentum*) eine Ausdruckssubstanz, und das gleiche würde für die Tinte oder den Computer als technisches Gebilde gelten. Mit der »Form des Ausdrucks« wären dann schließlich jene Formen und Farben gemeint, die eine Leinwand bedecken, die Schriftzeichen (nicht die Tinte) auf einer Seite oder das auf dem Monitor Angezeigte (und nicht der Computer als Maschine).

Wie sich herausgestellt hat, ist das Viereck von Hjelmslev ein nützliches Werkzeug für die Bestimmung diverser Forschungsaktivitäten, verschiedener theoretischer Positionen und potentieller Beziehungen zwischen diesen. So hat es uns z. B. aufmerksam gemacht auf eine gewisse Affinität zwischen einer seinerzeit besonders intensiven philosophischen Reflexion über den Begriff des »Imaginären« und Derridas dekonstruktiver Zerrüttung stabiler Sinnstrukturen. Es hat uns etwas verstehen geholfen, was selbst vor zehn Jahren noch keineswegs allgemein akzeptiert war, nämlich daß es in Foucaults Arbeiten ausschließlich um Sinnstrukturen geht, ohne daß je der menschliche Körper oder sonst irgendwelche mit der Ausdrucksform zusammenhängenden Phänomene thematisiert würden (Foucault selbst hat sicher nie irgendein Interesse an »Materialität« bekundet). Aber vor allem verweist diese Strukturierung des nichthermeneutischen Felds auf eine – überaus schematische – Sequenz dreier Fragen, die eine erhebliche Komplexifizierung der ersten Version unserer einen Frage nach dem Auftauchen von Sinn nach sich ziehen. Diese drei Fragen thematisieren (1) die Entstehung von Formen des Inhalts aus der Substanz des Inhalts, (2) die Entstehung von Formen des Ausdrucks aus der Substanz des Ausdrucks und schließlich (3) die Verknüpfung von Formen des Inhalts und Formen des Ausdrucks zu Zeichen oder umfassenderen Zeichenstrukturen, beispielsweise zu einem geschriebenen Text, einer sprachlichen Äußerung oder einem Piktogramm.

5

Das nichthermeneutische Feld als Mittel der Strukturierung hatte zweifellos den Effekt, daß sich das Gefühl einstellte, es gehe irgendwie voran (vor allem wenn man diese Situation mit der geistigen Niedergeschlagenheit vergleicht, die das 1991 veranstaltete Kolloquium über »Schrift« ausgelöst hatte). Zumindest rief dieses Mittel den Eindruck hervor, daß der vom Thema »Materialität der Kommunikation« herrührende Impuls nicht ohne weiteres verschwinden würde. Leider bewahrheitete sich aber auch, daß die Dreierfrage hinsichtlich der Entstehung von Sinn, deren Formulierung uns durch das nichthermeneutische

Feld ermöglicht wurde, irgendwie unvermeidlicherweise zu einem überaus konventionellen Begriff von »Zeichen« und von »Sinnstrukturen« zurückführt. Diese Begriffe bleiben metaphysisch, denn sie setzen weiterhin voraus, daß es bei der Kommunikation hauptsächlich um Sinn geht, um etwas Geistiges, dessen Träger und unentbehrliche Identifikationsinstanz »unter der rein materiellen« Oberfläche des Materiellen sitzt. Zweitens ist uns das nichthermeneutische Feld keine Hilfe bei der Entwicklung neuer Antworten auf die Frage, die im Mittelpunkt des Paradigmas »Materialität der Kommunikation« gestanden hatte, nämlich der (vielleicht naiven) Frage, in welcher Form die Mittel und die Materialität der Kommunikation den von ihnen getragenen Sinn beeinflussen (sofern sie ihn überhaupt beeinflussen). Allein diese Fragestellung würde jedoch über die Dimension des Metaphysischen hinausgehen, denn nur bei dieser Frage käme es zu einer Preisgabe der allzu properen Scheidung der Materialität vom Sinn.

Dennoch möchte der Autor – noch einmal – das Offenkundige aussprechen: An und für sich ist gar nichts auszusetzen an der Sinnproduktion, der Sinnidentifikation und dem metaphysischen Paradigma. Was unsere bescheidenen wissenschaftlichen Rebellionen zu problematisieren suchten, war eher eine *institutionelle* Konfiguration, in deren Rahmen die absolute Vorherrschaft sinnbezogener Fragen schon seit langem zur Preisgabe aller übrigen Arten von Phänomenen und Fragen geführt hatte. Infolge dieser Situation sahen wir uns einem vollständigen Mangel an Begriffen gegenüber, die es uns gestatten würden, mit der von uns selbst so bezeichneten »Materialität der Kommunikation« umzugehen.

Sofern diese anekdotische Darstellung der epistemologischen Wandlungen im Bereich der Geisteswissenschaften überhaupt ein echtes Ereignis zu bieten hat, dann hat es sich Mitte der 1990er Jahre während einer Lehrveranstaltung des Autors an der Universidade do Estado do Rio de Janeiro (UERJ) abgespielt. Kaum war der Autor im Laufe seiner Vorlesungen an dem – inzwischen fest etablierten – Punkt seines Berichts angelangt, an dem er seine Unkenntnis der spezifischen (nicht auf Sinn basierenden) Effekte der Materialität der Kommunikation eingestand, als ein Student eher nebenbei den Vorschlag machte, diese Effekte könnte man doch als »Produktionen von Präsenz« bezeichnen. Die portugiesischen Worte *produções de presença* hallen heute noch im Bewußtsein des Autors wider – aber der namenlose Student, der verantwortlich war für einen Gedanken, der für den Autor später zu einem wahren geistigen Durchbruch werden sollte, ist nie wieder in seiner Vorlesung aufgetaucht. (Da dieser Student ein potentielles Genie war, hielt er es wahrscheinlich nicht für lohnend, die Lehrveranstaltung einer Person zu besuchen, die jahrelang ohne Erfolg um eine Einsicht gerungen hatte, die für ihn klar auf der Hand lag.)[4]

Andererseits gab gerade diese Abwesenheit des Urhebers dem Autor die Gelegenheit, die Formel »Produktion von Präsenz« mit Hilfe seiner eigenen Begriffe und Worte zu entfalten. Erstens und vor allen Dingen wollte er das Wort »Präsenz« in diesem Zusammenhang im Sinne einer Bezugnahme auf Räumliches auffassen. Was uns »präsent« ist, befindet sich (ganz im Sinne der lateinischen Form *prae-esse*) vor uns, in Reichweite unseres Körpers und für diesen greifbar. In ähnlicher Weise wollte der Autor auch das Wort »Produktion« gemäß seiner etymologischen Bedeutung verwenden. Wenn *producere* buchstäblich soviel wie »vorführen« oder »nach vorn rücken« heißt, würde die Formulierung »Produktion von Präsenz« herausstreichen, daß der von der Materialität der Kommunikation herrührende Effekt der Greifbarkeit auch ein in ständiger Bewegung befindlicher Effekt ist. Mit anderen Worten, die Rede von einer »Produktion von Präsenz« impliziert, daß der von den Kommunikationsmitteln herkommende Effekt der (räumlichen) Greifbarkeit durch im Raum stattfindende Bewegungen zunehmender oder abnehmender Nähe und zunehmender oder abnehmender Intensität beeinflußt wird. Daß jede Form von Kommunikation eine solche Produktion von Präsenz impliziert, daß jede Form von Kommunikation durch ihre materiellen Elemente die Körper der kommunizierenden Personen in spezifischen und wechselnden Weisen »berühren« wird, mag

4 Nach der Niederschrift des ersten Entwurfs dieses Kapitels hat man mich daran erinnert, daß es kein anderer war als mein Freund, ehemaliger Student und heute bekannter Kollege João Cézar de Castro Rocha, dem diese bahnbrechende Einsicht zu verdanken ist. Ich unterlasse es jedoch, die einleuchtende (freudianische) Interpretation nachzuliefern, die der Deutung der anfänglichen Weigerung meines Gedächtnisses, Joãos Namen preiszugeben, dienen könnte.

zwar eine relativ triviale Feststellung sein – aber es trifft dennoch zu, daß dieses Faktum von der abendländischen Theoriebildung ausgeklammert (wenn nicht gar – zunehmend – vergessen) worden ist, und zwar seit das cartesianische Cogito dafür gesorgt hat, daß die Ontologie der menschlichen Existenz ausschließlich von den Vollzügen des menschlichen Geistes abhängt. Umgekehrt und aus epistemischem Blickwinkel betrachtet, bedeutete das auch, daß alle philosophischen und theoretischen Positionen, die der cartesianischen Verwerfung des menschlichen Körpers als *res extensa* und in Zusammenhang damit der Eliminierung des Raums kritisch gegenüberstehen, zu potentiellen Quellen der Entwicklung einer Reflexion über Präsenz werden können.[5] Nun wird keine Reflexion über Präsenz umhinkönnen, mit der (inzwischen verblassenden) »postmodernen« Konvention zu brechen, der zufolge alle akzeptablen Begriffe und Argumente »antisubstantialistisch« sein müssen. Für eine Reflexion über Präsenz hingegen wird jede begriffliche Tradition, die sich seit der Philosophie des Aristoteles mit Substanz und Raum befaßt, ein einschlägiges Muß sein.

Auch hier besteht Grund zum akzentuierten Hinweis darauf, daß die Wiederentdeckung von Präsenzeffekten und das Interesse an der »Materialität der Kommunikation«, am »Nichthermeneutischen« und an der »Produktion von Präsenz« keineswegs die Dimension der Interpretation und der Sinnproduktion abschafft. Gedichte sind vielleicht das eindringlichste Beispiel für die Gleichzeitigkeit von Präsenzeffekten und Sinneffekten, denn selbst der mächtigsten institutionellen Vorherrschaft des hermeneutischen Bereichs ist es nie gelungen, die Präsenzeffekte von Reim und Alliteration, von Vers und Strophe völlig zu unterdrücken. Es ist jedoch bezeichnend, daß die Literaturwissenschaft noch nie imstande gewesen ist, auf den Nachdruck zu reagieren, mit dem die Dichtung solche formalen Aspekte hervorhebt – außer mit der Aufstellung

5 Auf diese Weise erklärt sich der Autor – nicht ohne gemischte Gefühle – den Anfang seiner Begeisterung für Heideggers Philosophie und besonders für Heideggers antimetaphysische Argumente. Siehe Martin Heidegger, *Sein und Zeit* (1927), 15. Aufl. Tübingen 1984, §§ 18-24. Dort findet sich Heideggers Kritik an Descartes und an der cartesischen Elimination der räumlichen Dimension.

langer, langweiliger und wissenschaftlich witzloser »Repertorien«, die in chronologischer Ordnung die verschiedenen poetischen Formen innerhalb verschiedener Nationalliteraturen verzeichnen, und außer mit der sogenannten »Theorie der Überbestimmung«, die entgegen dem unmittelbaren Augenschein behauptet, durch lyrische Formen würden stets bereits existierende Sinnstrukturen verdoppelt und verstärkt. Dagegen hat sich die Einsicht, daß sich lyrische Formen, anstatt dem Sinn untergeordnet zu sein, in einer Situation der Spannung, in einer strukturellen Form der Oszillation mit der Sinndimension befinden könnten, als ein weiterer vielversprechender Ausgangspunkt auf dem Weg zu einer allgemeinen begrifflichen Neubestimmung des Verhältnisses zwischen Sinneffekten und Präsenzeffekten erwiesen.[6]

6

Wie bereits angedeutet, wird das nächste Kapitel dieses Buchs eine in chronologischer Hinsicht sehr viel tiefer angelegte (und weniger persönlich gehaltene) historische Darstellung geben, die nachzuweisen versucht, inwiefern der in diesem Kapitel enthaltene anekdotische Bericht über einige epistemologische Wandlungen zu einer umfassenderen Entwicklung im Rahmen der abendländischen Philosophie gehört. Diese historische Kontextualisierung wird zu einer These über die Institutionalisierung der Hermeneutik und der Interpretation als Kernbestandteilen der universitär etablierten Geisteswissenschaften führen. Mit dem dritten Kapitel jedoch beginnt das Buch auf verschiedenen Ebenen das Motiv einer intellektuell und ästhetisch produktiven Spannung zwischen Sinneffekten und Präsenzeffekten zu entfalten. Ohne für eine kohärente »Position« auf der Landkarte der heutigen Theorien zu plädieren, erörtert das dritte Kapitel zunächst die Arbeiten verschiedener Autoren, die aus ganz unterschiedlichen Perspektiven Beiträge zur Kritik des geisteswissenschaftlichen Universalitätsanspruchs der Hermeneutik oder zur Komplexifizierung eines nichtzeit-

6 Siehe Hans Ulrich Gumbrecht, »Rhythmus und Sinn«, in: *Materialität und Kommunikation*, S. 714-729.

lichen Präsenzbegriffs geleistet haben. Anschließend konzentriert sich das Buch auf den Heideggerschen Begriff »Sein«, der hier als die anregendste philosophische Ressource präsentiert wird, die uns für die Weiterentwicklung der Reflexion über Präsenz zu Gebote steht. Am Schluß des dritten Kapitels werden zwei vorläufige Typologien vorgestellt. Die eine der beiden empfiehlt eine binäre Unterscheidung zwischen »Präsenzkulturen« und »Sinnkulturen«, wobei vorausgesetzt wird, daß *alle* Kulturen und kulturellen Objekte als Konfigurationen von Sinneffekten wie auch von Präsenzeffekten analysiert werden können, obwohl ihre unterschiedlichen Semantiken der Selbstbeschreibung oft ausschließlich die eine oder die andere Seite akzentuieren. Die zweite – nichtbinäre – Typologie präsentiert, wieder auf der Basis der Sinn/Präsenz-Unterscheidung, vier verschiedene Modelle der kulturellen Aneignung. Beide Typologien sollen exemplifizieren, wie es mit Hilfe einer stärkeren Konzentration auf die Präsenz-Komponente gelingen könnte, das analytische Arbeiten im Rahmen der Geisteswissenschaften zu bereichern.

Während die ersten beiden Kapitel zwei verschiedene, aber komplementäre Versionen einer Vorgeschichte des derzeitigen geistigen Moments anbieten, und während das dritte Kapitel im Zentrum des Buches steht, weil es einen Raum öffnet für einen Teil der begrifflichen Arbeit, die diesem gegenwärtigen Moment und seinen intellektuellen Chancen entspricht, versucht das vierte Kapitel, mögliche innergeisteswissenschaftliche Konsequenzen einer Reflexion über Präsenz zu erörtern. Um solche »Zukünfte« zu erkunden, hält sich das Kapitel an eine ganz elementare Dreiteilung. Mit Blick auf die Begriffe »Epiphanie«, »Präsentifizierung« und »Deixis« thematisiert es neue, auf dem Präsenzbegriff basierende Weisen des Nachdenkens über Ästhetik, des Reagierens auf unsere Faszination durch die Vergangenheit und des Umgangs mit unseren pädagogischen Pflichten an der Universität. Besonders der Abschnitt über die Lehre geht auf die – beinahe unvermeidliche – Frage ein, welche »soziale« und »politische Funktion« eine dermaßen aufpolierte (oder vielmehr neu überdachte) geisteswissenschaftliche Praxis erfüllen könnte (sofern es eine derartige Funktion überhaupt gibt). Abschließend kommt das fünfte Kapitel auf die Frage zurück, was bei der Faszination durch Präsenz möglicherweise

»herauskommen« könnte, doch es geht diese Frage nicht unter einem institutionellen, sondern unter einem existentiellen Gesichtspunkt an und nimmt damit den überaus persönlichen, nachgerade biographischen Ton des ersten Kapitels wieder auf, allerdings ohne es fortzusetzen oder darauf zu reagieren. Im Gegenteil, die an mich selbst gerichtete Frage, warum ich Präsenzphänomene und die Möglichkeit, sie zu durchdenken, so spannend finde, führt zu einer Analyse der gegenwärtigen kulturellen Situation, in der die Präsenzeffekte auf der Primärebene so vollständig verschwunden sind, daß sie jetzt in der Gestalt eines starken Wunsches nach Präsenz wiederkehren – eines Wunsches, der von vielen unserer modernen Kommunikationsmittel verstärkt oder sogar ausgelöst wird. Daß wir uns heute von der Präsenz faszinieren lassen, beruht – laut der Schlußthese des Buches – auf einem Verlangen nach Präsenz, das im Gegenwartskontext nur unter Bedingungen der äußersten zeitlichen Fragmentierung befriedigt werden kann.

Metaphysik
Eine kurze Vorgeschichte dessen, was sich jetzt verändert

1

Das, wogegen eine ganze Reihe von Wissenschaftlern und Intellektuellen meiner Generation reagieren, ist eine epistemologische Konfiguration, deren Spuren überraschend leicht in unseren Alltagssprachen erkannt werden können. Daß diese Spuren und, durch sie vermittelt, auch jene epistemologische Konfiguration stets in unserer Sprache und in unserem Sinn sind, ist der Grund, warum es so schwierig ist, ihnen zu entkommen und einleuchtende Alternativen vorzuschlagen. Das gilt zumindest für die abendländische Kultur. So wird beispielsweise die in den Geisteswissenschaften institutionell unstrittige Zentralstellung der Interpretation – d. h. der Identifikation und Zuschreibung von Sinn – durch den positiven Wert gestützt, den unsere Sprachen ganz automatisch der Dimension der »Tiefe« beilegen. Wenn man eine Bemerkung »tief« nennt, möchte man sie loben, da sie einem Phänomen eine neue, komplexere, besonders adäquate Bedeutung gegeben hat. Was man hingegen für »oberflächlich« erachtet, soll aller dieser Eigenschaften entbehren, weil es der betreffenden Sache, wie wir implizit behaupten, nicht gelingt, über das fragliche Phänomen »hinauszugelangen« oder in »darunter« liegende Schichten vorzudringen. (Normalerweise stellen wir uns nicht vor, etwas oder jemand könne ohne Tiefe bleiben wollen.) In beiden Fällen setzen wir im Regelfall auch voraus, daß die Qualität der Beobachtungen und Interpretationen davon abhängt, daß der Beobachter im Verhältnis zu dem von ihm in Augenschein genommenen Phänomen den »angemessenen Abstand« einnehmen kann. Daher müssen wir eine bestimmte geistige Anstrengung unternehmen, um zu erkennen, wie problematisch es ist, von »der Welt« oder »der Gesellschaft« ständig so zu reden, als wären »Welt« und »Gesellschaft« ferne Gegenstände, im Verhältnis zu denen wir Abstand halten können (oder sogar müssen).

Indem man ein Wort buchstäblich nimmt, das im Laufe seiner Geschichte so viele verschiedene Bedeutungen entwickelt hat, daß es unmöglich ist, es auf eine einzige Definition zu beschränken, kann man das Konvergieren dieser und sonstiger Motive zu einer unserer Alltagssprache innewohnenden Konfiguration von Voraussetzungen als »Alltagsmetaphysik« bezeichnen.[1] Dann kann man sagen, daß die Geisteswissenschaften in ihrer institutionalisierten Form offenbar »metaphysische« Implikationen haben. Denn sowohl unsere Alltagssprachen als auch die mitunter ein wenig anmaßend so bezeichneten »Methoden« der Geisteswissenschaften implizieren, daß es etwas unbedingt Positives sei, »hinaus über« (»meta«) das rein Materielle (die »Physik«) zu gehen. Daß wir diese Prämissen, wie schon gesagt, in unseren Alltagssprachen und bei unserer wissenschaftlichen Arbeit normalerweise nicht in Frage stellen, kann natürlich so angesehen werden, als handele es sich dabei um das Ergebnis – bzw. die Sedimentation vielfältiger Ergebnisse – der im Laufe mehrerer Jahrhunderte im Rahmen der abendländischen Kultur angestellten Reflexionen über die Strukturen der Erkenntnis und die Bedingungen der Wissensproduktion. Eben diese geschichtliche Entwicklung, die man als »Geschichte der abendländischen Metaphysik« bezeichnen darf (aber nicht so nennen muß), ist das Thema meines zweiten Kapitels.

Nun ist die Geschichte der abendländischen Metaphysik offensichtlich eine Geschichte von nachgerade unbegrenzter Komplexität, die überdies in ihren Teilen wie auch in ihrer Gesamtheit von weitaus kompetenteren Spezialisten als mir schon oft erzählt worden ist. Wenn ich es mir herausnehme, sie noch einmal zu erzählen, muß ich angeben, warum diese Geschichte für den Punkt, den ich in diesem Buch herausarbeiten möchte,

1 Joshua Landy hat vorgeschlagen, aufgrund der ausgeprägt religiösen Konnotation des Worts »Metaphysik« sollte ich statt dessen lieber von »Hypophysik« sprechen. Nun ist es zwar richtig, daß die religiöse Konnotation in eine andere Richtung geht als der Gebrauch, den ich hier von dem Wort »Metaphysik« mache, aber dennoch habe ich beschlossen, die vorgeschlagene Veränderung nicht vorzunehmen. Denn einerlei, wie trivial die herkömmliche »Kritik der Metaphysik« sein mag (ein anderer Freund hat neulich gemeint, dies könne einer der vergessenen Einträge in Flauberts *Dictionnaire des idées reçues* sein), was ich hier zu entfalten versuche, gehört unweigerlich mit zu eben dieser Tradition der abendländischen Philosophie.

so wichtig ist, wobei sich außerdem eine gewisse Klarheit hinsichtlich der mich im Rahmen dieser Geschichte besonders interessierenden Fragen und Einzelheiten ergeben sollte. Eine dieser besonders interessierenden Fragen bezieht sich darauf, wann und unter welchen spezifischen historischen Umständen die Interpretation und ihr metaphysischer Unterbau für die Geisteswissenschaften als wissenschaftliche Fächergruppe so zentral und so zweifellos wichtig geworden sind, wie sie es bis zum heutigen Tage geblieben sind. Zweitens muß erklärt werden, warum im Laufe der letzten dreißig Jahre zumindest viele Geisteswissenschaftler mit Unbehagen auf diese epistemologische und fächerbezogene Ausrichtung reagiert haben (wobei diese unzufriedenen Geisteswissenschaftler allerdings bei weitem nicht die Mehrheit der Kollegen bilden). Mit anderen Worten: Sofern die im ersten Kapitel erzählte Geschichte von den anschließenden – neueren – Reaktionen auf die metaphysischen Implikationen der Geisteswissenschaften handelt, fragt es sich, wie es zu erklären ist, daß sich dieser »Widerstand« nicht schon früher geregt hat. Und wieso ist es überhaupt dazu gekommen? Natürlich können wir hoffen, daß uns das Ausfindigmachen von Antworten auf diese beiden Fragen bei der Entscheidung darüber helfen wird, ob es überhaupt wünschenswert ist, die zentrale Sonderstellung der Interpretation innerhalb der Geisteswissenschaften zu überwinden, und daß es uns, falls die Antwort auf diese Frage positiv ausfällt, außerdem dabei hilft, uns ein Bild davon zu machen, wie wir diese Überwindung in Angriff nehmen könnten.

2

Die Geschichte, die ich erzählen möchte, betrifft – ebenso wie die Geschichte jedes anderen philosophischen Gedankens – wechselnde Formen des menschlichen Selbstbezugs. Dies erwähne ich, weil die Verknüpfung solcher Formen und Leitgedanken menschlichen Selbstbezugs mit den Namen verschiedener historischer Perioden beinahe unweigerlich die Gefahr eines bestimmten Mißverständnisses hervorzurufen scheint. Dieses Mißverständnis wäre der Eindruck, daß sich die betreffenden Begriffe nicht auf Wandlungen im Begriffsapparat der

Selbstbeschreibung beziehen, sondern auf Veränderungen der »Realität« des menschlichen Lebens. »Renaissance« und »frühe Neuzeit« sind die beiden Namen, die wir für die Periode verwenden, mit der ich meine Erzählung beginne, und diese Bezeichnungen sind ein besonders reichhaltiges Beispiel für die Divergenz zwischen einem vorherrschenden kulturellen Selbstbezug und unserem historischen Rückblick auf die »Realität« ebendieser Kultur.

In jenen Jahrhunderten gab es eine bestimmte ikonographische Tradition, in deren Rahmen die Welt immer noch als flache Oberfläche gezeigt wurde, über der sich die Sphären wölbten wie eine Kuppel. Derartige Szenen werden mit Notwendigkeit so dargestellt, als würden sie aus einer Außenperspektive wahrgenommen. Manchmal erblicken wir sogar – scheinbar von außen – eine die Menschheit darstellende allegorische Figur, welche die Sphären durchstößt, als wollte sie sich zu uns gesellen. Diese doppelte Neuerung (d. h. der Mensch als außenstehender Beobachter der Welt und der Mensch als jemand, der in dieser Position gesehen wird) ist ein Symptom für eine neue Konfiguration des Selbstbezugs, bei der sich die Menschen als im Verhältnis zur Welt exzentrische Wesen zu sehen beginnen, und diese Stellung ist verschieden vom dominanten Selbstbezug des christlichen Mittelalters, in dem sich der Mensch als Bestandteil einer ihn umgebenden Welt begreift, die als Resultat der göttlichen Schöpfung gilt. Eine zweite Veränderung gegenüber dem Mittelalter liegt in der Implikation (deren Konsequenzen erst Jahrhunderte später zu begrifflicher Entfaltung gelangen), der zufolge es sich bei dieser menschlichen Figur in ihrem exzentrischen Verhältnis zur Welt um ein rein geistiges, körperloses Wesen handelt. Ein rein geistiges Wesen zu sein, kann es sich sozusagen leisten, denn die einzige Aufgabe, die ihm explizit übertragen ist, ist die der Weltbeobachtung, und zur Erfüllung dieser Aufgabe scheinen ausschließlich kognitive Fähigkeiten auszureichen. Natürlich wird ein Selbstbezug, der seine eigene Körperlosigkeit herausstreicht, auf jeden diesbezüglichen Einwand replizieren, es könne hier gar kein geschlechtsbedingtes Vorurteil geben. Im siebzehnten Jahrhundert war dieser Gedanke tatsächlich zu einem wichtigen Element der modernen Epistemologie geworden (wobei die feministische Philosophie jedoch neuerdings und recht überzeugend dargetan hat, daß die

Behauptung der »Geschlechtslosigkeit« als Schutzschild zur Wahrung des ausgeprägt männlichen Vorurteils der neuzeitlichen Epistemologie diente). Jedenfalls sollte die vom Beobachter beobachtete und interpretierte Welt eine rein materielle sein. Freilich war diese Zweiteilung zwischen »Geistigem« und »Materiellem« der Ursprung einer als »Subjekt/Objekt-Paradigma« begriffenen epistemologischen Struktur, auf die sich die abendländische Philosophie von nun an zu verlassen pflegte. Ihre ganz elementare binäre Logik ordnet den menschlichen Leib der Seite der Gegenstände dieser Welt zu, während Geist und Materie im mittelalterlichen Denken sowohl bei den Menschen als auch bei allen übrigen Teilen der göttlichen Schöpfung als untrennbar galten. Diese Implikation der mittelalterlichen Epistemologie wurde beispielsweise durch die Erwartung und die Ikonographie der leiblichen Wiederauferstehung der Toten am Tage des Jüngsten Gerichts ebenso sichtbar gemacht wie durch jene kulturelle Prämisse, die von Kunsthistorikern als »symbolischer Realismus« bezeichnet wird. Im symbolischen Realismus hat jeder einzelne der Gegenstände, aus denen die Welt besteht, seine inhärente Bedeutung, die ihm von Gott beim Schöpfungsakt verliehen wurde. (Genau dies war die maßgebliche Voraussetzung einiger Textgattungen, die im Mittelalter zwanghaft kultiviert wurden, wie z. B. die sogenannten »Lapidarien« und »Bestiarien«, in denen die Bedeutungen und manchmal sogar die magischen Eigenschaften verschiedener Gesteins- bzw. Tierarten peinlich genau erklärt wurden.) Interessant (und typisch) ist, daß derartige Implikationen in zunehmendem Maße erst gegen Ende des Mittelalters explizit gemacht wurden, also zu einer Zeit, da die epistemologischen Grundmerkmale den Anschein der »Natürlichkeit« zu verlieren begannen.[2]

Für die neue Form des Selbstbezugs mit dem von ihr unterstellten exzentrischen Verhältnis der Menschen zur Welt ist diese Welt jedoch in erster Linie – und, wie man vielleicht sagen darf, ausschließlich – eine materielle Oberfläche, die interpretiert werden muß. Daß man die Welt interpretiert, heißt, daß

2 Zur Geschichte der »Interpretation der Dinge« und zu den impliziten philosophischen Problemen siehe Miguel Tamen, *Friends of Interpretable Objects*, Cambridge (Mass.) 2001.

man über ihre materielle Oberfläche hinausgeht oder diese Oberfläche durchdringt, um einen Sinn (d. h. etwas Geistiges) zu ermitteln, das hinter oder unter dieser Oberfläche liegen soll. Umgekehrt setzt sich zunehmend die Konvention durch, die Welt der Gegenstände und des menschlichen Körpers als Oberflächen zu deuten, von denen tiefere Bedeutungen »ausgedrückt« werden. Ja, das Paradigma des Ausdrucks entsteht (chronologisch gesprochen) zur gleichen Zeit wie das Paradigma der Interpretation und gehört (systematisch gesprochen) zum gleichen epistemologischen Kontext wie dieses.[3] Weltinterpretation wird allmählich als aktive Produktion von Wissen über die Welt verstanden. Hauptsächlich wird sie als ein »Herausholen der inhärenten Bedeutungen« aus den Gegenständen der Welt aufgefaßt – und in diesem Aspekt liegt der entscheidende Schritt zur Neuzeit. Denn an der Annahme, daß die Phänomene ihre inhärenten Bedeutungen besitzen, hat sich an der Schwelle zwischen mittelalterlicher und frühneuzeitlicher Kultur noch nichts geändert (erst im neunzehnten Jahrhundert geschieht es, daß man die Interpretation, grob gesprochen, nicht als Identifikation, sondern als Zuschreibung von Sinn begreift). In den Jahrhunderten des Mittelalters hat sich die Menschheit jedoch nie als aktive Wissensproduzentin verstanden. Man glaubte, Wissen über die Einzelheiten und über die überwölbenden Merkmale der göttlichen Schöpfung stünde nur durch göttliche Offenbarung zu Gebote (oder es werde von Gott der

3 Siehe Hans Ulrich Gumbrecht, »Ausdruck«, in: Karlheinz Barck, Martin Fontius, Dieter Schlenstedt u. Burkart Steinwachs (Hg.), *Ästhetische Grundbegriffe*, Stuttgart 2000, Band 1, S. 416-431. Zu allgemeineren Hinweisen siehe ferner Hans Ulrich Gumbrecht, »Sign-Concepts in Everyday Culture from the Renaissance to the Early Nineteenth Century«, in: R. Posner, K. Robering u. T. A. Sebeok (Hg.), *Semiotics. A Handbook on the Sign-Theoretic Foundations of Nature and Culture*, New York 1998, S. 1407-1427. Ich bitte um Entschuldigung dafür, daß ich in den Anmerkungen zu diesem Kapitel hauptsächlich eigene Veröffentlichungen zitiere. Doch da ich die historische Argumentation möglichst bündig halten und klar auf die einschlägigen »theoretischen« Fragestellungen abstimmen möchte, ist es unmöglich, eine detaillierte und reich dokumentierte narrative Darstellung sowie eine gründliche Analyse aller betreffenden historischen Perioden und Phänomene vorzulegen. Dennoch habe ich mich verpflichtet gefühlt, zumindest einige Hinweise zu geben, aus denen hervorgeht, daß ich mit diesem Stoff vertraut bin.

menschlichen Erkenntnis vorenthalten), und die Offenbarung hielt man natürlich für unabhängig von jedem menschlichen Wunsch oder Bedürfnis. Das erklärt vielleicht auch, warum die Kultur des Mittelalters so zwanghaft von der Gefahr des Wissensverlusts und der Angst vor diesem Verlust umgetrieben wurde. Wahrscheinlich ist es gar nicht übertrieben zu behaupten, daß die Bekämpfung dieser Gefahr das stärkste aller Motive war, von denen die geistige Kultur des Mittelalters getragen wurde.

Erst als sich das Subjekt nach und nach als Darsteller einer aktiven Rolle durchsetzt, welche die Fähigkeit und das Recht zur Produktion neuen Wissens impliziert, wird die Vorstellung, man könne Wissen ansammeln und auf diese Weise letztlich die Menge der den Menschen zu Gebote stehenden Erkenntnisse vermehren, denkbar und reizvoll. Zusammen mit dieser neuen Selbstzuschreibung tritt jedoch auch die Handlungsfähigkeit in Erscheinung (d. h. die Idee, Menschen könnten den Wunsch haben und die Fähigkeit besitzen, die Welt zu verändern und umzugestalten). Bis dahin waren in der Welt wahrgenommene Veränderungen normalerweise als Folge moralisch illegitimer – aber im Regelfall nicht völlig bewußter oder vorsätzlicher – menschlicher Eingriffe in die göttliche Ordnung aufgefaßt worden (der hier einschlägige Begriff ist *mutabilitas*, also »menschlicher Wankelmut«) oder sie hatten als Gottes gerechte Bestrafung solcher Eingriffe gegolten. Schließlich wird sich ein Subjekt, das glaubt, Wissen produzieren zu können, auch dazu imstande fühlen, Wissen zu verbergen und zu manipulieren. In diesem Sinne ist es bezeichnend, daß die mittelalterliche Kultur nur die schroffe Unterscheidung zwischen Wahrheit und Lüge gelten ließ; Begriffe, die unserer Auffassung von »Fiktion« oder »Fingieren« entsprechen, waren von dieser Kultur nie ausgebildet worden. Daher wird die Verderbtheit der Heiden im Rolandslied ihrem Körper eingeschrieben. Doch das ist zugleich der Grund, warum es Chrétien de Troyes so schwerfällt zu erklären, daß die von ihm zur Verfertigung der Handlungen seiner Romanzen benutzten Märchengeschichten (die er selbst als »närrische Geschichten« bezeichnet) moralische Wahrheiten mitteilen können. Das gibt schließlich auch Aufschluß darüber, warum frühneuzeitliche Menschen, die über Rhetorik und Regierungsstrategien nachdachten, sich dermaßen von den verschiedenen Techniken der Manipulation faszinieren ließen. Von Machiavelli wurde Fernando von Aragón deshalb der fähigste Herrscher seiner Zeit genannt, weil er ihn der Simulation für fähig hielt, d. h. Fernando von Aragón konnte, wie Machiavelli schreibt, »seine Absichten und Pläne unter dem Deckmantel vorgegebener religiöser Motive verbergen«. Der Ursprung eines neuzeitlichen Begriffs von »Ideologie« ist hier ohne weiteres zu erkennen.

Ganz schematisch gesprochen, können wir nun diese neue, frühneuzeitliche Auffassung, in deren Rahmen die abendländische Kultur mit ihrer im Laufe mehrerer Jahrhunderte entwikkelten Neubestimmung des Verhältnisses zwischen Menschheit und Welt beginnt, als Schnittpunkt zweier Achsen beschreiben. Einerseits gibt es eine horizontale Achse, die das Subjekt als exzentrischen, körperlosen Beobachter und die Welt als Ansammlung rein materieller Gegenstände (einschließlich des menschlichen Körpers) einander gegenüberstellt. Sodann steht die vertikale Achse für den Akt der Weltinterpretation, durch den das Subjekt die Oberfläche der Welt durchdringt, um Wissen und Wahrheit als ihre zugrundeliegenden Bedeutungen herauszuholen. Diese Weltsicht möchte ich das »hermeneutische Feld« nennen. Natürlich weiß ich, daß das Wort »Hermeneutik« erst Jahrhunderte später zur Bezeichnung jenes philosophischen Teilgebiets wurde, das sich auf die Techniken und die Bedingungen der Interpretation konzentriert.[4] Aber schon lange vor der Entstehung dieses wissenschaftlichen Teilfachs war die »Interpretation« (und zusammen mit ihr der »Ausdruck«) zum vorherrschenden – und wenig später zum ausschließlichen – Paradigma geworden, das die abendländische Kultur denen bereitstellte, die das Verhältnis der Menschen zu ihrer Welt denkend erfassen wollten.

4 Ich bin mir nicht völlig im klaren darüber, inwieweit im Mittelalter die Konvention bestand, die Grundsätze der mittelalterlichen Bibelinterpretation als »Hermeneutik« zu bezeichnen.

3

Natürlich gibt es eine Unzahl kultureller Situationen und kultureller Phänomene, die als Beispiele dienen können für diesen Übergang von der mittelalterlichen Kosmologie zum Subjekt/Objekt-Paradigma und zum hermeneutischen Feld als Fundierung dessen, was wir die »neuzeitliche Welt« nennen (und immer noch als solche empfinden). Wahrscheinlich ist keine dieser Situationen und keines dieser Phänomene so zentral wie der Gegensatz und der Übergang zwischen der mittelalterlichen (oder »katholischen«, wenn man so will – obwohl das Wort im Hinblick auf das Mittelalter selbstverständlich anachronistisch ist) und der protestantischen (d.h. frühneuzeitlichen) Theologie des Abendmahls.[5] Denn ohne jeden Zweifel war das Sakrament des Abendmahls, d.h. die Herbeiführung der Realpräsenz Gottes auf Erden und unter den Menschen, das Hauptritual der mittelalterlichen Kultur. Die Feier der Messe diente demnach nicht bloß der Erinnerung an Christi letztes Abendmahl mit seinen Jüngern, sondern sie war ein Ritual, mit dessen Hilfe das »wirkliche« Abendmahl und vor allem der Leib Christi und sein Blut »wirklich« wieder präsent gemacht werden konnten. Das Wort »präsent« bezieht sich hier nicht nur, ja nicht einmal in erster Linie auf eine zeitliche Ordnung. Es bedeutet vor allem, daß der Leib Christi und sein Blut in den »Formen« von Brot und Wein substantiell greifbar wurden. Was diese vorneuzeitliche Auffassung der Beziehung zwischen dem Leib Christi und dem Brot sowie zwischen dem Blut Christi und dem Wein prägt und erklärt, ist der aristotelische Zeichenbegriff, der nicht auf der uns wegen ihrer Zugehörigkeit zum hermeneutischen Feld so vertrauten Unterscheidung zwischen materiellem Signifikanten und immateriellem Sinn als Tiefe beruht. Das aristotelische Zeichen hingegen verknüpft eine Substanz (also das, was präsent ist, weil es Raum braucht) mit einer Form (also dem, wodurch eine Substanz wahrnehm-

5 Was ich hier als Gegensatz zwischen zwei verschiedenen theologischen Interpretationen des Abendmahls erörtere, ergab sich erst zum Schluß als Resultat eines langen und komplizierten begrifflichen Übergangsprozesses, bei dem vielfältige Standpunkte zum Vorschein kamen, die weder so »klar protestantisch« noch so »klar katholisch« waren, wie es meine Darstellung nahezulegen scheint.

bar wird), d. h. es bringt Aspekte zusammen, die eine Vorstellung von »Sinn« beinhalten, die uns nicht vertraut ist.

Für den aristotelischen Zeichenbegriff gilt die Dichotomie zwischen »Materiellem« und »Immateriellem« bestimmt nicht. Es gibt keine von einem »materiellen« Signifikanten losgelöste »immaterielle« Bedeutung. Darum waren die lateinischen Worte *hoc est enim corpus meum* (»denn dies ist mein Leib«), durch die die Transsubstantiation – also die Umwandlung der Substanz des Brots in die Substanz des Leibs Christi im Sakrament des Abendmahls – vollzogen wurde, ebenso wie die damit einhergehenden deiktischen Gesten für die mittelalterliche Kultur vollkommen einleuchtend. Daß Brot die »Form« sei, durch die die »substantielle Präsenz« des Leibs Christi wahrnehmbar wird, war eine unproblematische Vorstellung. Das ist zugleich der Grund, weshalb man vom anthropologischen Standpunkt sagen könnte, daß das vormoderne und katholische Abendmahl wie ein magischer Akt funktionierte, durch den eine zeitlich und räumlich entfernte Substanz präsent gemacht wurde. Und es war gerade die substantielle Präsenz des Leibs Christi und seines Bluts, die in der protestantischen (d. h. frühneuzeitlichen) Theologie zum Problem wurde. Durch Jahrzehnte währende, intensive theologische Diskussionen gelang es der protestantischen Theologie, die Präsenz des Leibs Christi und seines Bluts neu zu bestimmen und in eine Evokation des als »Bedeutung« aufgefaßten Leibs Christi und seines Bluts zu verwandeln. Daher muß das Wort »ist« in dem Satz »... dies ist mein Leib« zunehmend im Sinne von »dies bedeutet« oder »dies steht für« meinen Leib aufgefaßt worden sein. Die Bedeutungen des Leibs Christi und seines Bluts evozierten dann das Abendmahlsereignis, ohne daß man jedoch annahm, daß sie das Abendmahl wieder präsent machten. Dieses neue, protestantische Verständnis der Messe als eines Gedenkakts wurde zuerst von Johannes Calvin auf den Begriff gebracht. Erst jetzt begann sich der zeitliche Abstand, der jede einzelne Messe vom letzten Abendmahl als ihrem Bezugspunkt trennt, in einen unüberbrückbaren »historischen Abstand« zu verwandeln, und hier begreifen wir allmählich, daß es einen – im Sinne einer Errungenschaft der Neuzeit zu verstehenden – Zusammenhang gibt zwischen der aufkommenden, spezifisch neuzeitlichen Auffassung des Bezeichnens und der Dimension des Geschichtlichen.

Denn nach neuzeitlicher Auffassung belassen Zeichen die von ihnen evozierten Substanzen in zeitlicher und räumlicher Entfernung.

Als die Substanz des Leibs Christi und die Substanz seines Bluts in der protestantischen Theologie durch Leib und Blut als Bedeutungen ersetzt wurden, kam es im Bereich des Theaters zu einem Wechsel in der Aufmerksamkeitsrichtung der Zuschauer, die ihr Augenmerk nicht mehr so sehr auf die Körper der Schauspieler selbst richteten, sondern zunehmend auf die von den Schauspielern verkörperten Personen.[6] Was wir heute eine »Person« nennen – man denke etwa an Shakespeares Hamlet oder an Racines Phèdre –, ist ein komplexer Begriff (normalerweise ein Begriff, durch den eine komplexe Psyche beschrieben wird). Durch die Handlung des Dramas wird jede Person im Zusammenwirken mit anderen Figuren als spezifischer Begriff – als komplexe Bedeutung – fortschreitend entfaltet. Das neuzeitliche Theater macht seine Handlungen zwar immer noch durch die auf der Bühne ausgetragene Interaktion der Körper der Schauspieler und ihrer Stimmen verfügbar, doch jetzt wird durch den Vorhang – eine Neuerung der frühneuzeitlichen Szenographie – die Bühne, auf der die Handlung stattfindet, vom Zuschauerraum getrennt. Dadurch werden die Körper der Schauspieler (zumindest theoretisch) der Reichweite der Zuschauer entzogen. Mit anderen Worten: Was greifbar ist und zur Materialität des Signifikanten gehört, wird sekundär und tatsächlich von der frühneuzeitlichen Bezeichnungsbühne entfernt, sobald die betreffende Bedeutung entziffert ist.

Im Mittelalter dagegen scheint das Theater zumeist ganz anders funktioniert zu haben (sofern »Theater« überhaupt ein hinreichend präzises Wort sein kann für eine Kultur, in der fast jeder Kommunikationsakt ein auf Körperlichem basierender Vollzug war). Wirft man einen Blick auf einige jener mittelalterlichen Manuskripte, die von den Philologen des neunzehnten und des frühen zwanzigsten Jahrhunderts aus nicht immer völlig einleuchtenden Gründen mit dem Etikett »Theater« ver-

6 Siehe Hans Ulrich Gumbrecht, »Für eine Erfindung des mittelalterlichen Theaters aus der Perspektive der frühen Neuzeit«, in: Johannes Janota u. a. (Hg.), *Festschrift Walter Haug und Burghart Wachinger*, Tübingen 1992, Band 1, S. 824-848.

sehen worden sind, stellt man häufig fest, daß es unmöglich ist, ein narratives Element ausfindig zu machen, d. h. irgendeine fortschreitende Entfaltung der Handlung oder gar der Personen. Im Brennpunkt dieser Manuskripte stehen zweierlei Situationen, für die sie eine Choreographie liefern: zum einen für den Eintritt des Körpers eines Schauspielers (bzw. eines Hanswursts oder eines Kaspers) in einen Raum, den er mit den Körpern der Zuschauer teilen wird. Der Hanswurst fragt dann beispielsweise, ob er »hereinkommen darf«, und nach einer vermeintlich bejahenden Antwort seitens des Publikums fragt er vielleicht noch einmal, wobei er hinzufügt, daß seine Präsenz den Zuschauern keineswegs angenehm sein wird. Da die Manuskripte häufig keine Spielanleitung für die anschließenden Interaktionen zwischen den Schauspielern und den Zuschauern enthalten, müssen wir uns vorstellen, daß dieser – der zentrale – Teil improvisiert wurde, je nach den Gegebenheiten der spezifischen Einzelsituationen. Zum anderen konzentrieren sich die Manuskripte auf den Abgang oder Abschied der Schauspieler. Die Manuskripte zeigen, um es anders zu formulieren, einen Weg, auf dem die »theatralische« Primärsituation ungeschehen gemacht wird, und zwar eine Situation, in der die Körper der Schauspieler nicht durch einen Vorhang von den Körpern der Zuschauer getrennt waren und in der es offensichtlich nicht die Funktion Körper der Schauspieler war, einen komplexen Sinn zu produzieren, den die Zuschauer induktiv entziffern sollten. Die gemeinsame Präsenz von Schauspielern und Zuschauern in der mittelalterlichen Kultur scheint eine »reale« Gemeinschaftspräsenz gewesen zu sein, wobei wechselseitiger physischer Kontakt keineswegs ausgeschlossen war. Ganz im Gegenteil, denn bei Aufführungen spätmittelalterlicher Passionsspiele kam es mitunter vor, daß die Zuschauer den Körper des Christusdarstellers »hinrichteten«, indem sie ihn mit Steinen bewarfen.[7]

Die italienische Commedia dell'arte war vielleicht die einzige konventionelle Inszenierungsform, bei der auch im kulturellen Kontext der frühen Neuzeit ähnliche Präsenzeffekte erhalten geblieben sind. Das Bühnenverhalten der verschiede-

7 Siehe Rainer Warning, *Funktion und Struktur. Ambivalenzen des geistlichen Spiels*, München 1974, S. 215-217.

nen Schauspieler wurde im Hinblick auf jede Einzelaufführung in groben Zügen verbunden und koordiniert, indem der Leiter der Gruppe eine Handlung auswählte, in deren Rahmen sich das Spiel der Akteure bewegen sollte. (Ein gemeinsames, die erzählte Handlung darstellendes Textbuch gab es allerdings nicht.) Bei der Commedia dell'arte lag der Akzent jedoch auf den (oft obszönen) Gesten, die von den Schauspielern mit endlosen Variationen den Zuschauern dargeboten wurden. (Diese Typen von Bühnengesten – wie z.B. »Fliegenfangen« oder »Überschreiten einer verbotenen Schwelle« – hießen *lazzi.*) An der Entfaltung von Personenbegriffen durch die Handlung des Dramas dagegen ist der Commedia dell'arte nie etwas gelegen gewesen. Ihre begrenzte Menge gattungsspezifischer Rollen ist während der ganzen Geschichte dieser konventionellen Inszenierungsform unverändert geblieben.

4

Es ist überaus interessant zu sehen, daß im siebzehnten Jahrhundert, vor allem in Paris, die Inszenierungsform der Commedia dell'arte (unter ihrer damaligen Bezeichnung *la comédie des Italiens*) mit einem neuen Stil des französischen Theaters konkurrierte. Aufs beste repräsentiert wird dieser Stil durch die Namen der drei großen Autoren des klassischen französischen Theaters – Corneille, Molière und Racine –, in deren Werken die Produktion semantischer Komplexität die Szene in ganz überwältigender Form dominiert – sehr zum Nachteil irgendwelcher Präsenzeffekte. In den Tragödien von Corneille oder Racine standen die Schauspieler im Halbkreis auf der Bühne und rezitierten oft höchst abstrakte Texte im schwerfälligen Versmaß des Alexandriners. Weder vorher noch nachher hat es einen abendländischen Bühnenstil gegeben, der »cartesianischer« gewesen wäre als das klassische französische Drama. Damit beziehe ich mich natürlich auf die nachgerade sprichwörtlich berühmten Gedanken von René Descartes. Dieser Zeitgenosse von Corneille und Racine war der erste, der die Ontologie der als *res cogitans* aufgefaßten menschlichen Existenz so darstellte, daß sie explizit und ausschließlich vom Denkvermögen abhing, und der infolgedessen nicht nur den menschlichen Körper, sondern alle Dinge dieser Welt als *res extensae* dem Geist unterordnete.

Das mag die Vorstellung nahelegen, daß ich hier eine historische Phantasiegeschichte über die neuzeitliche abendländische Kultur erzähle, bei deren Entwicklung es um die Schikanierung des Körpers und die Unterdrückung aller mit dem Körper verknüpften Präsenzeffekte gegangen sei, und daß ich behaupten möchte, Descartes sei für alles Mißgeschick verantwortlich. Aber im Grunde schreibe ich in keinem spezifischen Sinn über die Arbeiten Descartes' (und natürlich erst recht nicht über sein Leben).[8] Vielmehr bezieht sich sein Name ebenso wie das Adjektiv »cartesianisch« auf den Endpunkt einer Jahrhunderte währenden, von den ersten Anzeichen der Renaissance-Kultur bis zum vollständig ausgebildeten Zustand des hermeneutischen Felds reichenden Entwicklung auf der Ebene der *histoire des mentalités.* Im gleichen historischen Kontext war die um 1700 in der Académie française geführte und heute als *Querelle des anciens et des modernes* bezeichnete intensive Diskussion über das Verhältnis zwischen der kulturellen Gegenwart des siebzehnten Jahrhunderts und dem klassischen Zeitalter der griechisch-römischen Epoche ein weiterer Schritt in die Richtung einer Entfaltung der verschiedenartigen Implikationen des hermeneutischen Felds. Was ich an der *Querelle* so wichtig finde, ist eigentlich nicht die Frage, ob sich ihre verschiedenen Autoren für die eine oder andere Vorform dessen ausgesprochen haben, was dann im achtzehnten und vor allem im neunzehnten Jahrhundert zu einem neuen Stil »historischer Kultur« werden sollte. Das elementarste – und wichtigste – epistemologische Merkmal, das durch Ereignisse wie die *Querelle* allmählich in der abendländischen Kultur der Neuzeit institutionalisiert wurde, war die Vorrangstellung der Zeitdimension ge-

8 Es gibt jedoch eine kultur- und philosophiegeschichtliche Tradition einer derart negativ getönten Verwendung von Descartes' Namen. So ist es beispielsweise recht aufschlußreich, daß sich Heidegger bei seinem ersten kohärenten Versuch einer Reformulierung des Subjekt/Objekt-Paradigmas einer atypisch aggressiven Sprache bedient, wenn er es Descartes (und nicht bloß dem Cartesianismus!) ankreidet, die Dimension des Raums aus seiner Philosophie ausgeschlossen zu haben (also eben jene Dimension, die die Umgebung des menschlichen Körpers bildet). Siehe *Sein und Zeit*, insbesondere § 21.

genüber der Dimension des Raums. Dies geschah in einer Kultur, in deren Mittelpunkt nicht mehr ein Ritual des Hervorrufens von »Realpräsenz« stand, sondern die auf der Vorherrschaft des *cogito* beruhte – und diese Vorherrschaft mußte erst noch in einem eigenen Ritual konkrete Form annehmen.

Das Zeitalter der Aufklärung war sodann die Epoche, in der die Beteiligung menschlichen Handelns an der Wissensproduktion zu einer Bedingung für die Akzeptabilität des Wissens wurde, und zudem war es die Epoche, in der das menschliche Handlungsvermögen in Gestalt des auf dieser kritischen Revision der Erkenntnis basierenden Anspruchs auf aktive Umgestaltung der Welt den Bereich der Politik zu prägen begann.[9] Dies war ein weiterer Schritt – und aus vielen Blickwinkeln der entscheidende Schritt – bei der Entfaltung der Implikationen des hermeneutischen Felds, das jetzt wirklich die Form der heute häufig so apostrophierten »metaphysischen Weltsicht« anzunehmen begann. Man könnte sogar behaupten, daß die Aufklärung der Gipfelpunkt der metaphysischen Weltsicht war, denn einerseits war diese Sicht nun vollständig entwickelt, während sich andererseits noch keine inneren Probleme und Krisen störend bemerkbar machten. Vielmehr war der Grundsatz, alles Wissen über die Welt müsse von Menschen produziertes Wissen sein, seit Beginn des achtzehnten Jahrhunderts so ernst genommen worden, daß alles Offenbarungswissen und alles Wissen, das aus dem gleichen Grund als Bestandteil der Überlieferung anerkannt worden war, einem strengen Überprüfungsprozeß unterzogen wurde. Durch den unbedingten Wunsch, dieses neue Wissen zu sammeln und möglichst weit zu verbreiten, wurde das achtzehnte Jahrhundert zum großen Zeitalter der Lexika und Enzyklopädien.

Kein anderes Zeitalter glaubte fester an die Macht des Wissens. Jene Enzyklopädien wurden in der utopischen Erwartung zusammengestellt, eines Tages werde das Wissen über die Welt komplett sein und dieses komplettierte Wissen werde als Grundlage für die Schaffung neuer, den Bedürfnissen des Menschengeschlechts vollkommen angepaßter sozialer und politi-

9 Einen auf Beiträgen bedeutender Spezialisten basierenden Überblick bieten die beiden Bände der von Hans Ulrich Gumbrecht, Rolf Reichardt u. Thomas Schleich herausgegebenen *Sozialgeschichte der Aufklärung in Frankreich*, München 1984.

scher Institutionen dienen. Zur gleichen Zeit begann man jedoch die Erfahrung zu machen, daß Einzelpläne für Verfahren zur Herbeiführung dieser neuen Institutionen trotz ihrer Fundierung durch das avancierteste Wissen, an dem sie sich gemeinsam orientieren konnten, nicht immer und nicht von Natur aus konvergierten. Das ist der Punkt, an dem sich die neue Vorstellung von Öffentlichkeit und Politik zu entwickeln begann. Die Öffentlichkeit malte man sich als jenen Bereich der Beratschlagung aus, in dem alle Beteiligten ihre persönlichen und gruppenspezifischen Interessen einklammern, um zu einem Konsens zu gelangen. Dies waren die Prämissen für die frühen Institutionen der politischen Repräsentation, vor allem für das Parlament als einen Ort, an dem die Konkurrenz verschiedener Meinungen und verschiedener Zukunftsvorstellungen in Konsens und eine gemeinsame Detailsicht der Zukunft umschlagen sollte. Vielleicht könnte man so weit gehen zu behaupten, daß der politische Parlamentarismus für die nunmehr vollständig entfaltete metaphysische Weltsicht zu einem ebenso zentralen und emblematischen Ritual wurde, wie es das Abendmahl für die Kultur des Mittelalters gewesen war. Es war der Wettstreit zwischen verschiedenen Geistern und ihren verschiedenen Absichten – ein Wettstreit, der ans Schachspiel gemahnende theoretische und rhetorische Strategien hervorbrachte.

Bei bestimmten Sichtweisen der Welt fallen die Höhepunkte mit dem Auftauchen der ersten Krisensymptome zusammen. Mehr denn je zuvor – und mehr denn zu irgendeinem späteren Zeitpunkt – war die Metaphysik (oder das hermeneutische Feld) um die Mitte des achtzehnten Jahrhunderts als der dominierende Entwurf für menschlichen Selbstbezug und als Basis für jede Form kollektiver Praxis in Europa fest etabliert. Aber zumindest in unserem Rückblick ist dies genau der Zeitpunkt, zu dem die ersten Risse im Gebäude der Neuzeit auftauchen. Aus dem Blickwinkel der abendländischen Philosophiegeschichte des neunzehnten Jahrhunderts gesehen, erscheint das Werk Immanuel Kants beispielsweise als ein einzigartiges Monument, in dem das Doppeldeutige der gleichzeitigen Existenz als Höhepunkt des Aufklärungsdenkens und als Symptom des Beginns der Zersetzung der die Aufklärung fundierenden Erkenntnistheorie seinen emblematischen Ausdruck fand. Denn das erste provozierende Element der kritischen Schriften Kants scheint das Bewußtsein von der Entfernung zwischen dem Subjekt und der Welt der Objekte gewesen zu sein: Diese Entfernung wirkte groß genug, um die gängigen philosophischen Annahmen über Formen der Weltaneignung herauszufordern. Manche glauben zwar, letztlich sei es Kant gelungen, diesen Zweifel auszuräumen, indem er den Nachweis erbracht habe, daß die Verstandesfähigkeiten des Menschen für das Erfassen der Welt ausreichen, aber selbst wer diese Meinung vertritt, wird zugeben, daß Kants primäre Motivation daher rührte, daß er Zweifel an der Tragfähigkeit des Subjekt/Objekt-Paradigmas hatte.

Sehr viel leichter zu erkennen sind die gleichen Probleme am Text der von Diderot und d'Alembert herausgegebenen *Encyclopédie*, einem weiteren heroischen Unterfangen der Aufklärungszeit. Bei ihrem ersten (und nie offiziell modifizierten) Entwurf dieses säkularen Unternehmens der Zusammenstellung allen verfügbaren, einer kritischen Durchsicht unterzogenen Wissens verließen sich die Herausgeber der *Encyclopédie* auf eine doppelte Komplementarität.[10] Sie hofften, daß sich die Beiträge verschiedener Autoren zu den einzelnen Einträgen ihres *Dictionnaire raisonné* stets zu eindeutigen Beschreibungen des betreffenden Gegenstands oder Begriffs summieren würden (Spannungen oder Widersprüche waren nicht vorgesehen). Außerdem rechneten sie damit, daß der Abschluß ihres Werks eine klare Skizze (so etwas wie einen »ontologischen Grundriß«) allen verfügbaren Wissens erbringen würde, und zwar eine Skizze, die der von ihnen unterstellten Grundstruktur der Gegenstandswelt genau entspräche. In der Realität der Veröffentlichungen stellte sich jedoch heraus, daß viele ihrer von mehreren Autoren verfaßten Artikel widersprüchliche oder konkurrierende Darstellungen der thematisierten Gegenstände und Begriffe enthielten. Dabei wurde die Hoffnung der Herausgeber, durch Elemente des Wissens eine (und nur eine) Grundstruktur der gesamten Welt der Dinge und ihrer Darstellung zu ermitteln, nicht einmal von ihrem eigenen überaus hypothetischen »*plan*« erfüllt, der in Gestalt eines Faltblatts dem

10 Siehe Robert Darnton, *The Business of Enlightenment. A Publishing History of the »Encyclopédie«, 1775-1800*, Cambridge (Mass.) 1979.

ersten Band der *Encyclopédie* vorangestellt war, wobei es sich um ein verwirrendes kleines Diagramm handelt, dessen Bestandteile (also die verschiedenen Wissensgebiete) ohne maßgebliches Verdeutlichungsprinzip über die Fläche der Seite verteilt sind.

Während sich herausstellte, daß das Wissen in sehr viel höherem Maße zentrifugal ist, als man je erwartet hätte, zeigten die im achtzehnten Jahrhundert wachsende Begeisterung für »materialistische« Gedanken und sogar die gleichzeitige Entstehung der Ästhetik als einer philosophischen Teildisziplin, daß entgegen den Prämissen des hermeneutischen Felds die Weltaneignung durch den menschlichen Körper – d. h. durch die menschlichen Sinne – nun ebenfalls wieder als epistemologische Option in Erscheinung trat. Michel Foucault hat, indem er sein Augenmerk vor allem auf die Romane des Marquis de Sade richtete, dargelegt, wie sich die Tätigkeit des Benennens der Dinge dieser Welt unter den Bedingungen einer einsetzenden »Krise der Repräsentation« in ein heikles und darum zwanghaftes Unternehmen verwandelte.[11] Diese Betrachtungsweise ermöglicht schließlich eine neue Form des historischen Verstehens einer Reihe von Texten und Kunstwerken, die sich gegen Ende des achtzehnten Jahrhunderts damit abgaben, überraschend skeptische Bilder des rein theoretischen Weltbeobachters zu malen. Für den *promeneur solitaire* Rousseaus ist der Abstand zur Welt nicht mehr bloß eine mathematische Gegebenheit, die zur Produktion gültigen Wissens beiträgt; vielmehr beginnt dieser Abstand nun auch das Gebiet zu kennzeichnen, in das sich eine empfindsame Seele vor einer zunehmend als aggressiv wahrgenommenen Welt zurückzieht. Diderot beschreibt beispielsweise in *Le Rêve d'Alembert* seinen Freund und Mitherausgeber, den Mathematiker d'Alembert, als eine von einem Fieberwahn erschütterte Person. Und Francisco de Goya schuf in einer der Radierungen seiner *Caprichos* eine neue, emblematische Ansicht des Aufklärungsphilosophen, indem er bewußt mit der semantischen Doppeldeutigkeit seiner berühmten Bildunterschrift spielte: »El sueño de la razón pro-

11 Michel Foucault, *Les mots et les choses. Une archéologie des sciences humaines*, Paris 1966, S. 221-224. Übers. von Ulrich Köppen: *Die Ordnung der Dinge*, Frankfurt a. M. 1971.

duce monstruos« bedeutet nämlich sowohl »Der Schlaf der Vernunft erzeugt Ungeheuer« als auch »Der Traum der Vernunft erzeugt Ungeheuer«,[12] so daß der Titel zur gleichen Zeit die Kräfte der Vernunft in konventioneller Form preist und in grotesker Manier entlarvt.

5

Als die europäischen Gesellschaften im zweiten Jahrzehnt des neunzehnten Jahrhunderts wieder Luft schöpften nach beinahe dreißig Jahren der Revolutionen und Reformen, die von der Hoffnung ausgegangen waren, die Verheißungen der Aufklärung wahr zu machen und ein auf der Vervollkommnung des menschlichen Wissens basierendes glückliches Gemeinschaftsleben zu schaffen, stand eine Sache fest, die allen konkurrierenden Gruppen in der politischen und theoretischen Arena einleuchtete: Die Welt war – zumindest bis jetzt – weit hinter den von der Generation der »Philosophen«[13] propagierten üppigen Erwartungen zurückgeblieben. Dies war zugleich die Zeit, als vielfältige, hier an den geistigen Hervorbringungen des ausgehenden achtzehnten Jahrhunderts beobachtete Phänomene zusammenkamen und jene (zunächst) isolierten Symptome epistemologischer Inkonsistenz verstärkten, die schließlich eine gravierende Krise der metaphysischen Weltsicht auslösten. Was die Schilderung dieses in epistemologischer Hinsicht entscheidenden Augenblicks betrifft, beziehe ich mich nicht nur auf *Les mots et les choses*, Michel Foucaults bahnbrechendes Buch über die *crise de la représentation*, sondern auch auf die von Niklas Luhmann ohne Thematisierung des historischen Ursprungskontexts entwickelte Unterscheidung zwischen »Beobachtern erster Ordnung« und »Beobachtern zweiter Ordnung«.[14]

12 Siehe Hans Ulrich Gumbrecht, *Eine Geschichte der spanischen Literatur*, Frankfurt a. M. 1991, S. 580-593.

13 Was die Bedeutungen dieses Worts im achtzehnten und neunzehnten Jahrhundert betrifft, siehe Hans Ulrich Gumbrecht u. Rolf Reichardt, »Who Were the *Philosophes*?«, in: Gumbrecht, *Making Sense of Life and Literature*, Minneapolis 1992, S. 133-177.

14 Foucault, *Les mots et les choses*. Zu Luhmanns Arbeiten über den Beobachterbegriff und dessen historischen Kontext siehe Niklas Luhmann,

Während es bei der in der frühen Neuzeit als Schlüsselelement des hermeneutischen Felds aufgekommenen Beobachterrolle lediglich darum ging, den im Verhältnis zu ihren Gegenständen angemessenen Abstand zu ermitteln, handelte es sich bei der neuen Beobachterrolle, die die Erkenntnistheorie des neunzehnten Jahrhunderts prägen sollte, um einen Beobachter, der nicht privilegiert, sondern dazu verdammt ist, sich selbst beim Akt des Beobachtens zu beobachten. Die Entstehung dieser selbstreflektierten Schleife in Gestalt des Beobachters zweiter Ordnung zog zwei wichtige Konsequenzen nach sich: Erstens erkannte der Beobachter zweiter Ordnung, daß jedes Element des Wissens und jede Darstellung, die er jemals hervorbringen könnte, mit Notwendigkeit von seinem spezifischen Beobachtungswinkel abhängen würde. So bemerkte er allmählich, daß es für jeden potentiellen Bezugsgegenstand unendlich viele Wiedergabemöglichkeiten gibt, und diese Vermehrung der Möglichkeiten erschütterte letztlich den Glauben an stabile Bezugsobjekte. Zur gleichen Zeit entdeckte der Beobachter zweiter Ordnung wieder den menschlichen Körper und insbesondere die menschlichen Sinne als integralen Bestandteil jeder Weltbeobachtung. Diese weitere Konsequenz, die sich aus der neuen Beobachterrolle ergab, sollte schließlich nicht nur zu einer Problematisierung der angeblichen Geschlechtsneutralität des körperlosen Beobachters erster Ordnung führen (und tatsächlich kann man diese Frage als einen der Anfangspunkte der feministischen Philosophie betrachten), sondern aufgeworfen wurde damit vor allem die Frage einer möglichen Kompatibilität zwischen der Weltaneignung durch Begriffe (die ich hier »Erfahrung« nenne) und der Weltbeobachtung durch die Sinne (»Wahrnehmung«).

Die Philosophie und die Naturwissenschaft des neunzehnten Jahrhunderts wurden alsbald von der Formel für eine – vorläufige – Lösung dominiert, welche die Theoretiker und Wissenschaftler als Antwort auf die erste der beiden genannten Herausforderungen entwickelten. Ganz abstrakt gesprochen, kann man diese Lösung als einen Übergang kennzeichnen, der von einem spiegelähnlichen Verfahren der Weltrepräsentation,

Humberto Maturana, Mikio Namiki, Volker Redder u. Francisco Varela, *Beobachter. Konvergenz der Erkenntnistheorien?*, München 1990.

bei dem jeder Begriff bzw. das jeweilige Wissenselement einem einzelnen Phänomen entsprechen soll, zu einem Verfahren führt, bei dem jedes Phänomen durch eine narrative Darstellung identifiziert wird. Hier beziehe ich mich natürlich auf die parallelen Diskurse der Geschichtsphilosophie (à la Hegel) und die Evolutionstheorie (darwinistischen Typs). Wie konnte die Diskursstruktur der narrativen Darstellung zu einer Lösung werden für jenes im Rahmen der Krise der Repräsentation entstandene Problem, das durch die Vermehrung der Repräsentationsmöglichkeiten jedes einzelnen Bezugsphänomens ausgelöst worden war? Die Antwort liegt in der Erkenntnis, daß narrative Diskurse einen Raum öffnen, in dem vielfältige Repräsentationen integriert und zu einer Sequenz geformt werden können. Neben der Geschichtsphilosophie und der Evolutionstheorie war der literarische »Realismus« des neunzehnten Jahrhunderts ein weiterer Diskurs, der eine Unzahl von Reaktionen auf die Herausforderungen des neuen Multiperspektivismus der Weltsicht hervorbrachte.[15] Es ist vielleicht verwunderlich, daß gerade diese Diskurstradition mit den Arbeiten von Autoren wie Gustave Flaubert die pessimistischsten Antworten auf die Frage hervorbrachte, ob es möglich sei, verschiedenartige Weltsichten einander anzunähern. Die beispielsweise von Flauberts Protagonisten »verkörperten« Perspektiven vereinigen sich zum Schluß nie zu einer homogenen Sicht, die dann ihre »Welt« bilden würde – und wir wissen, wie hart Flaubert (und andere Autoren seiner Zeit) daran gearbeitet haben, genau diesen Effekt zu erzielen.

Bei dem zweiten epistemologischen Problem, das sich aus der Entstehung des Beobachters zweiter Ordnung ergeben hat, also bei dem Problem der (Nicht-)Kompatibilität zwischen der Weltaneignung durch Begriffe und der Weltaneignung durch die Sinne, ist es nicht einmal zur illusorischen Vorstellung von einer Lösung gekommen. Alles, was sich dem Zeitraum zwischen dem neunzehnten Jahrhundert und unserer eigenen theoretischen Gegenwart entnehmen läßt, ist eine ununterbrochene

15 Siehe Hans Ulrich Gumbrecht u. Jürgen E. Müller, »Sinnbildung als Sicherung der Lebenswelt – Ein Beispiel zur funktionsgeschichtlichen Situierung der realistischen Literatur am Beispiel von Balzacs Erzählung ›La Bourse‹«, in: Hans Ulrich Gumbrecht, Karlheinz Stierle u. Rainer Warning (Hg.), *Honoré de Balzac*, München 1980, S. 339-389.

Reihe von mitunter heftigen, aber nie erfolgreichen Bemühungen, Erfahrung und Wahrnehmung zusammenzubringen – und diese Bemühungen konvergieren mit zumindest einer radikalen institutionellen Maßnahme, durch die man das Problem auszuräumen versuchte. Einige der frühesten Reaktionen dieser Art lassen sich unter die metaphorische Bezeichnung »Zeichen-Deregulierung« subsumieren. Mit dem Ausdruck »Zeichen-Deregulierung« beziehe ich mich auf mehrere Experimente, mit denen man die dem hermeneutischen Feld inhärente, überaus propere Unterscheidung zwischen der rein materiellen Oberfläche des Signifikanten und der rein geistigen (oder begrifflichen) Tiefe des Signifikats zu modifizieren versucht hat. So wollten z. B. die Dichter der symbolistischen Schule, zu denen etwa Verlaine und Rimbaud gehörten, die Klangstrukturen ihrer Texte mit Bedeutungen – zumindest mit bestimmten konnotativen Bedeutungen – erfüllen. Ein Gedicht wie »Un Coup de dés« von Mallarmé deutet offenbar an, daß die Anordnung der Worte des Gedichts auf dem Papier seinem Sinn und seinem potentiellen Klang entsprechen kann. Schließlich ist auch noch die wagnerianische Programm-Musik zu nennen, die es sich zum Ziel gesetzt hatte, Sinn in die Klänge und Rhythmen der Orchestermusik einzubringen.

Während der letzten Jahrzehnte des neunzehnten Jahrhunderts gab es in der Philosophie, in der Naturwissenschaft und in der Literatur eine Fülle weiterer Experimente, die der neuerlichen Verknüpfung von Erfahrung und Wahrnehmung gewidmet waren. So war es das ausdrückliche Ziel der zwanzigbändigen Romanreihe *Les Rougon-Macquart* von Émile Zola, die Geschichte mehrerer Generationen einer Familie durch das Zusammentreffen ihrer genetischen Veranlagung mit dem Einfluß vielfältiger sozialer Umgebungen zu erklären.[16] Friedrich Nietzsche, der als letzter Metaphysiker (bzw. als erster Überwinder der Metaphysik unter den europäischen Philosophen) Heidegger faszinierte, ließ nie davon ab, die gelehrte Konzentration auf die philologischen Oberflächenwerte der Texte und die materielle Oberflächlichkeit der Masken zu loben, womit er alle Bemühungen verhöhnte, einen letzten Sinn und die ultima-

16 Siehe Hans Ulrich Gumbrecht, *Zola im historischen Kontext. Für eine neue Lektüre des Rougon-Macquart-Zyklus*, München 1978.

tive Wahrheit unter oder hinter ihnen ausfindig zu machen. (Unter diesem Gesichtspunkt gelesen, ist Nietzsche gewiß ein nachmetaphysischer Denker.) Ehe Freud in seinem 1900 veröffentlichten Buch *Traumdeutung* das Fundament zur Psychoanalyse als einer ausschließlich interpretativen Methode legte, hatte er über ein Jahrzehnt lang an mehreren Entwürfen gearbeitet, die dazu dienen sollten, die menschliche Psyche und die physiologische Seite des Menschen unter einen Hut zu bringen. Zu erwähnen ist schließlich, neben vielen anderen Denkern seiner Zeit, Henri Bergson mit seiner Überzeugung, das menschliche Gedächtnis sei das eine Phänomen, dessen begriffliche Sezierung die Zusammenhänge zwischen Geist und Gehirn offenlegen würde.[17]

Es ist gewiß aufschlußreich, daß Denker wie Bergson, Freud und Nietzsche – die beim allgemeinen europäischen Lesepublikum um 1900 ungewöhnlich großen Anklang fanden und die viele von uns Heutigen anstandslos zu ihren Geistesheroen rechnen würden – zu ihrer Zeit um akademische Anerkennung ringen mußten, und zwar meistens ohne Erfolg. Denn die offizielle wissenschaftliche Welt strebte jetzt, um das Problem der Vermittlung zwischen Erfahrung und Wahrnehmung zu lösen, rasch in Richtung radikaler Lösungen, die letztlich alle auf Vorschläge hinausliefen, diese beiden Dimensionen auf die eine oder andere Weise voneinander zu trennen. Auf der erkenntnistheoretischen Ebene wurde eine solche Lösung von Edmund Husserl gekennzeichnet, der das philosophische Verfahren der sogenannten »Phänomenologie« begründete. Indem er sich polemisch gegen die »naive« Überzeugung der Naturwissenschaftler wandte, sie vermöchten die Dinge dieser Welt zu »erfassen«, legte Husserl den (zumindest von vielen seiner Leser so aufgefaßten) Gedanken nahe, alle Objekte außerhalb des menschlichen Geistes seien uns schlicht unzugänglich. Damit war ein historisches Ende des Subjekt/Objekt-Paradigmas, des hermeneutischen Felds und der abendländischen Metaphysik gegeben. Die phänomenologische Philosophie konzentrierte sich dann schon bald ausschließlich auf die introspektiven Be-

17 Siehe Hans Ulrich Gumbrecht, »Struggling Bergson. An Eight-Step Attempt at a Frame Narrative for the *Fin de siècle*«, in: Andreas Kablitz u. a. (Hg.), *Das Imaginäre des Fin de siècle*, Freiburg 2002, S. 65-82.

mühungen um eine Beschreibung jener Mechanismen, durch die der menschliche Geist aus eigener Kraft Ansichten der Außenwelt hervorbringt (»konstruiert«). Damit wurde diese Philosophie zum Nährboden für weitere zeitgenössische (vielfach auch heute noch existierende) Verfahren oder Richtungen der Philosophie, die deshalb als »konstruktivistisch« bezeichnet werden, weil sie von der allgemeinen Prämisse ausgehen, daß alles, was man analysieren oder womit man sich befassen kann, »Konstruktionen« (oder Projektionen) des menschlichen Geistes sind.

Ein paralleler institutioneller Schritt wurde während des letzten Jahrzehnts des neunzehnten Jahrhunderts an der Universität Berlin getan.[18] Vor allem auf dem Gebiet der Psychologie äußerte sich jetzt die epistemologische Inkompatibilität zwischen Wahrnehmung und Erfahrung in einem rasch zunehmenden Spannungsverhältnis zwischen einer auf Messungen und sonstigen naturwissenschaftlichen Untersuchungsmethoden basierenden experimentellen Forschungsrichtung einerseits und einem von den Traditionen und Intuitionen des Verstehens getragenen philosophischen Ansatz andererseits. Im Jahre 1893 gelang es dem Philosophen Wilhelm Dilthey, die Berufung von Hermann Ebbinghaus nach Berlin zu verhindern. Ebbinghaus, der zu den herausragenden Vertretern der »naturwissenschaftlichen« Psychologie gehörte, wurde von Dilthey vorgeworfen, er habe »die Grenze zum Bereich der Physiologie überschritten«. Genau ein Jahr später unterbreiteten Dilthey und vierzehn seiner Kollegen dem Kultusministerium den Vorschlag einer institutionellen Trennung von all jenen Forschern, die sich dieses naturwissenschaftlichen Forschungsstils befleißigten. Diese (letzten Endes erfolgreiche) Absonderung war der Anfang der institutionellen Unabhängigkeit der Geisteswissenschaften als einer Gruppe von Fächern, in deren Mittelpunkt nach Diltheys programmatischem Vorschlag die Interpretation als Grundpraxis und die Hermeneutik als Reflexionsraum stehen sollten. Sobald die Methoden der Naturwissenschaft und die Dimension der Wahrnehmung aus den Gei-

18 Zum folgenden siehe Bernhard Siegert, »Das Leben zählt nicht. Natur- und Geisteswissenschaften bei Dilthey aus mediengeschichtlicher Sicht«, in: Claus Pias (Hg.), *Medien. Dreizehn Vorträge zur Medienkultur*, Weimar 1999, S. 161-182.

steswissenschaften ausgeschlossen wären, würde nach Diltheys Überzeugung jede Form der Interpretation – und vor allem die literarische und die psychologische Interpretation – letzten Endes die unter Sinnschichten verborgene Unmittelbarkeit des Erlebens freilegen. Somit war es paradoxerweise die Krise der Metaphysik und des hermeneutischen Felds, von der die Inthronisierung der philosophischen Hermeneutik im Zentrum der Geisteswissenschaften als neu gestalteter Föderation der humanistischen Fächer ausgelöst wurde. Der Preis, den die Geisteswissenschaften für diesen Schritt bezahlen mußten, war offenkundig: Es war der Verlust jeder nichtcartesianischen, jeder nicht auf Erfahrung basierenden Form des Weltbezugs.

6

Das frühe zwanzigste Jahrhundert erwies sich also auf verschiedenen Ebenen und in mannigfaltigen Kontexten als ein komplexer Moment des theoretischen Aufbruchs im Rahmen der umgestalteten Geisteswissenschaften, ohne daß allerdings in jeder einzelnen Nation die Entwicklung mit so emblematischer Klarheit verlaufen wäre wie die Ereignisse an der Berliner Universität. Motiviert vom Zusammenwirken der umfassenden (nachgerade »populären«) und begeisterten Rezeption der Phänomenologie in ganz Europa und dem institutionellen Einfluß Diltheys und seiner Schule, konzentrierten sich die Geisteswissenschaften stärker denn je zuvor auf die Dimensionen des Sinns und der Sprache, die als Orte und Werkzeuge der Weltkonstruktion begriffen wurden. Hier liegen die Ursprünge einer Form von Kulturgeschichte und Soziologie, die in der zweiten Hälfte des zwanzigsten Jahrhunderts ihr Augenmerk auf die als »soziale Konstruktionen der Wirklichkeit« aufgefaßten Alltagswelten oder *mentalités* richteten.[19] Von diesem Geist der theoretischen Erneuerung wurden auch geisteswissenschaftliche Fächer ergriffen, die für weniger zentral erachtet wurden als die Philosophie oder die Psychologie. So war bei-

19 Hier beziehe ich mich natürlich auf das Buch *The Social Construction of Reality* von Peter Berger u. Thomas Luckmann, New York 1966, dt. *Die gesellschaftliche Konstruktion der Wirklichkeit*, Frankfurt a. M. 1969.

spielsweise die Entwicklung der Literaturwissenschaft während des ganzen neunzehnten Jahrhunderts in zwei deutlich auseinanderstrebende Richtungen gegangen. Die seit der Frühromantik wissenschaftlich betriebene Germanistik hatte von Anfang an die Bedeutung ihrer chronologisch frühesten Texte betont, von deren Analyse man erwartete, daß sie das wahre Wesen des deutschen Volks offenbaren würde. Zumindest einen gewissen Anklang fand dieser Ansatz während der folgenden hundert Jahre zwar bei all jenen europäischen Völkern, wo das Vaterland nach dem Urteil der Intellektuellen in einer geistigen oder politischen Krise steckte, doch an vielen Universitäten Großbritanniens und der Vereinigten Staaten kam eine andere Form von Literaturwissenschaft zum Vorschein. Deren vorherrschende Praxis war eine textnahe Lektüre, die auf ethische Fragen sowie auf moralische Unterweisung abgestimmt war, ohne daß man Fragen der nationalen Herkunft oder des historischen Kontexts programmatische Beachtung geschenkt hätte. Angesichts der erkenntnistheoretischen, institutionellen und – seit dem Ersten Weltkrieg – politischen Herausforderungen des frühen zwanzigsten Jahrhunderts neigten die »nationalen Philologien« zur Preisgabe des als fachspezifischer Horizont verstandenen Begriffs der Nation, der bis dahin als unverzichtbarer Bezugsrahmen ihrer historischen Forschung gegolten hatte. Man reagierte auf diesen Verlust, und so wurden die 1920er Jahre für die nationalen Philologien zu einer produktiven Zeit des Experimentierens mit neuen Paradigmen des transnationalen und intermedialen Vergleichs sowie mit neuen, ebenfalls transnationalen Begriffen der historischen Periodisierung, die probeweise auch die Kunstgeschichte einbezogen sowie die Musikgeschichte und manchmal sogar die politische Geschichte oder die alsbald aufkommenden Formen der Sozialgeschichte. Zur gleichen Zeit und unter ähnlichen Zwängen entfaltete die anglo-amerikanische Form des Literaturstudiums eine vorher nicht dagewesene Ebene der philosophischen Selbstreflexion – und dies ist die Innovation, auf die sich die neue Bezeichnung »New Criticism« bezieht.[20] Ansprüche auf ethische Gültigkeit oder zumindest diesbezügliche Implikationen wurden im Regelfall zwar nicht ausdrücklich abgelehnt,

20 Siehe etwa I. A. Richards, *Science and Poetry*, London 1926.

aber dennoch nahm der New Criticism von nun an gewiß keinen institutionellen Ort ein, der hauptsächlich durch die Aufgabe der moralischen Unterweisung bestimmt war. Dies waren schließlich die Jahre, in denen die Schriftsteller der Hochmoderne und die bildenden Künstler der surrealistischen Bewegung offenbar auf das Scheitern ihrer Bemühungen um eine Versöhnung der Dimensionen der Erfahrung und der Wahrnehmung reagierten und sich, in verschiedene Richtungen gehend, vom Prinzip der Welt-Repräsentation lossagten, das den Anbruch der Moderne noch begleitet hatte.

Doch Phänomenologie, Konstruktivismus, vergleichende Kulturwissenschaft, New Criticism und Hochmoderne bildeten trotz aller inneren Vielfalt dieser »revolutionären« geistigen Antworten und Bewegungen nur eine der beiden Reaktionsformen, die durch die langfristigen Wirkungen der epistemologischen Krise des neunzehnten Jahrhunderts ausgelöst wurden. Sie bestimmten die Richtung, die wir selbst heute noch »progressiv« zu nennen geneigt sind. Die andere Sequenz von Antworten, die auf den gleichen Ursprung zurückgeht, war gekennzeichnet durch ein Gefühl des Verlusts und – als gemeinsamer Nenner – der Sehnsucht nach jenem Bezug auf die Welt der Objekte, an dessen Verfügbarkeit die Metaphysik so lange und so inständig geglaubt hatte. Über mehrere Jahrzehnte hinweg zeigten Wissenschaftler aus vielen verschiedenen Bereichen mit manchmal dramatischen Gesten des Bedauerns oder der Reue auf den Verlust des Weltbezugs (bzw. des Glaubens an einen solchen Bezug).[21] Die analytische Philosophie war in ihrer institutionellen Anfangszeit darauf bedacht, den Beweis dafür zu erbringen, wenigstens ein Mindestmaß an Weltbezug könne eben doch mit Hilfe der Sprache oder immerhin durch sorgfältig gebaute Elementarsätze geleistet werden. Zur gleichen Zeit gab es wilde Denker und wild gestikulierende Künstler, deren theoretischer Stil denkbar weit von der analytischen Philosophie entfernt war, wie z. B. Georges Bataille und Antonin Artaud, die der abendländischen Kultur den Vorwurf machten, sie habe den Kontakt mit dem menschlichen Körper

21 In der Literaturwissenschaft hat niemand diese Klage wirksamer artikuliert und (sofern man das so formulieren darf) begründet als Paul de Man.

verloren.[22] Während der Optimismus der marxistischen Wissenschaftler hinsichtlich der Einschlägigkeit ihrer Analysen und Erkenntnisse in diesem Umfeld zunehmender epistemologischer Skepsis sonderbar (oder verdächtig?) ungebrochen blieb, gingen die in intellektueller Hinsicht eindringlichsten Reaktionen auf den Verlust – bzw. in diesem Fall: auf die Angst vor dem Verlust – des Weltbezugs von der »konservativen Revolution« aus, wobei es sich um eine Bezeichnung handelt, die der österreichische Lyriker und Dramatiker Hugo von Hofmannsthal in den frühen 1920er Jahren ersonnen hat.[23]

In diesem Kontext hat kein Denker die Kritik und die Revision der metaphysischen Weltsicht weiter getrieben als Martin Heidegger. Mit der Veröffentlichung seines Buchs *Sein und Zeit* (1927) fand er sofort internationale Beachtung. Heidegger ersetzt das Subjekt/Objekt-Paradigma durch den neuen Begriff des »in-der-Welt-Seins«, mit dessen Hilfe der menschliche Selbstbezug sozusagen wieder mit den Dingen dieser Welt in Kontakt gebracht werden soll (so gesehen, ist das »in-der-Welt-Sein« keine radikale Verdrängung, sondern eine Umformulierung des Subjekt/Objekt-Paradigmas). Entgegen dem cartesianischen Paradigma bejaht Heidegger von neuem die körperliche Substantialität und die räumlichen Dimensionen des menschlichen Daseins,[24] und er beginnt mit der Entfaltung der Vorstellung von einem »Sich-Entbergen des Seins« (in diesem Zusammenhang bezieht sich das Wort »Sein« stets auf etwas Substantielles), und diese Vorstellung soll den auf eine Bedeutung oder eine Idee verweisenden metaphysischen Begriff der »Wahrheit« ersetzen. Damit sind einige der Gründe genannt, warum selbst heute kein Versuch einer Überwindung der Me-

22 Siehe Hans Ulrich Gumbrecht, »About Antonin Artaud and the Miseries of Transgressing«, in: Gerhard Neumann u. Rainer Warning (Hg.), *Transgressionen. Literatur als Ethnographie*, Freiburg 2003, S. 315-332.

23 Siehe Ferdinand Fellmann, *Phänomenologie und Expressionismus*, Freiburg 1982, S. 57-61. Eine detaillierte historische Analyse der philosophischen Hauptmotive der konservativen Revolution findet sich im Schlußkapitel meines Buchs *1926. Ein Jahr am Rand der Zeit*, übers. von J. Schulte, Frankfurt a. M. 2001, S. 481-534.

24 Es ist kein Zufall, daß das deutsche Wort »Dasein«, das Heidegger im Sinne von »menschliche Existenz« verwendet, die raum-deiktische Vorsilbe »da« enthält.

taphysik und ihrer Konsequenzen das Werk Heideggers außer acht lassen kann.

7

Jene nationalen wissenschaftlichen Traditionen und Fächer, die den Verheißungen des Faschismus oder des Kommunismus erlagen und so den Kontakt zum avancierteren epistemologischen Denken ihrer Zeit verloren, werden hier nicht in Betracht gezogen. Es gibt jedoch eine Beobachtung, die mich interessiert: Sie bezieht sich auf die Jahrzehnte nach dem Ende des Zweiten Weltkriegs und soll den Schluß dieses Kapitels mit dem Schluß des vorigen Kapitels verbinden. Diese Beobachtung bringe ich auf die gedrängte Form einer These, indem ich behaupte, daß es in den ersten Jahrzehnten des zwanzigsten Jahrhunderts zwei parallele Arten des Reagierens auf den Verlust des Weltbezugs und der Dimension der Wahrnehmung gab: einerseits die diversen Formen des Konstruktivismus und andererseits die verschiedenen Versuche, Bezug und Wahrnehmung zurückzubringen. Der Gegensatz und die Spannung zwischen ihnen verwandelte sich in den Geisteswissenschaften um 1950 in ein Alternieren von »weichen« und »harten« theoretischen Ansätzen. Freilich gab es alle möglichen nationalen und fachspezifischen Entwicklungen, denen eine derart pauschale Feststellung nicht gerecht werden kann. Nach meiner Überzeugung ist diese allgemeine Beobachtung auf der angemessenen Abstraktionsebene jedoch richtig und deckt außerdem die Erfahrung meiner eigenen Generation von Geisteswissenschaftlern – eine Erfahrung, welche die Schlußfolgerung beinhaltet, daß in diesen Wechselbewegungen zwischen »harten« und »weichen« Paradigmen kein Fortschritt ausfindig zu machen ist.

Zumindest in der Literaturwissenschaft und den angrenzenden Fächern kann der in den 1950er und frühen 1960er Jahren mit dem Aufstieg der literaturgeschichtlichen Hermeneutik einhergehende internationale Erfolg des »weichen« Ansatzes des New Criticism und des interpretativen »Immanenzgedankens«[25] zum Teil als Reaktion auf verschiedene nationale Ereig-

25 Ein für die deutsche Spielart der »immanenten Interpretation« emble-

nisse der politischen Ideologisierung erklärt werden. Darauf folgten jedoch seit den ausgehenden 1950er Jahren simultane Wellen anscheinend »härterer« Paradigmen.[26] Hierhin gehört die literaturwissenschaftliche Rezeption des Strukturalismus, der strukturalen Linguistik und des sogenannten »russischen Formalismus«. Zumindest im Hinblick auf ihr Bestreben, die Subjektivität der reinen Interpretation zu überwinden, trafen sich diese Theorien mit einer neuen Begeisterung für alle möglichen soziologischen Ansätze, einschließlich verschiedener Spielarten des Marxismus, sowie mit der Geschichte der Literaturrezeption. Erst ein Jahrzehnt später, in den 1970er und 1980er Jahren, bemühte sich die »postmoderne« Literaturwissenschaft unter dem »weichmachenden« Einfluß der Dekonstruktion und des Neuen Historismus[27] nach Kräften, den der vorangehenden Epoche verhafteten Wunsch nach theoretischer und methodologischer Strenge möglichst naiv aussehen zu lassen. Interessant ist, daß sowohl die Dekonstruktion als auch der Neue Historismus trotz der philosophischen Divergenzen zwischen ihnen von (unterschiedlich begründeten) Formen der Kritik des Strukturalismus (also eines »harten« Paradigmas) ausgegangen sind und in beiden Fällen ihre fruchtbarste Rezeption bei einer Generation amerikanischer Literaturwissenschaftler fanden, die vom interpretativen Stil des New Criticism geprägt worden war.

Ohne Zweifel können die ersten drei der im vorigen Kapitel erwähnten Dubrovnik-Kolloquien aus unserer heutigen Perspektive des Rückblicks als Versuche erklärt werden, die Möglichkeiten einer in weitem Sinne verstandenen neohistorischen Praxis zu erkunden. Wahrscheinlich verdankt es sich der (zumindest numerischen) Dominanz deutscher Wissenschaftler

matisches Buch ist: Wolfgang Kayser, *Das sprachliche Kunstwerk. Eine Einführung in die Literaturwissenschaft*, Bern 1948.

26 Als Terminus post quem dieser ersten Welle epistemologischer »Verhärtung« kann man auf die Veröffentlichung der *Anthropologie structurale* von Claude Lévi-Strauss verweisen (Paris 1958).

27 Siehe Hans Ulrich Gumbrecht, »Déconstruction Deconstructed: Transformationen französischer Logozentrismuskritik in der amerikanischen Literaturwissenschaft«, in: *Philosophische Rundschau* 33 (1986), S. 1-35; H. Aram Veeser (Hg.), *The New Historicism*, New York 1989; Hayden White, *Metahistory. The Historical Imagination in Nineteenth-Century Europe*, Baltimore 1973.

unter den Kolloquiumsteilnehmern, daß der dekonstruktive Ansatz vergleichsweise marginal blieb. Aber vor allem die Wahl des Themas »Materialität der Kommunikation« für das vierte Kolloquium kennzeichnete eine neuerliche Sehnsucht nach einem »härteren« theoretischen Stil und – in diesem spezifischen Fall – auch nach einem Bereich »härterer« Themen.

Inzwischen sollte klar geworden sein, daß der Wechsel zwischen »weichen« und »harten« Verfahren in den Geisteswissenschaften nach meiner Auffassung eine späte Reaktion ist auf das Trauma ihrer Geburt als einer Gruppe wissenschaftlicher Fächer, deren wichtigster Konvergenz- und Identitätspunkt eine Ausgrenzung war, nämlich die Ausgrenzung der epistemologischen Dimensionen der Wahrnehmung und des Bezugs.[28] Aber diese These ist noch keine Antwort auf die Frage, mit der das vorliegende Kapitel begann, nämlich die Frage: Warum sind wir dermaßen erpicht auf die »Überwindung der Metaphysik«? Eine Antwort, deren Möglichkeit sich aus diesem Kapitel ergibt, lautet: Die »Überwindung der Metaphysik« kann rückblickend als ein Versuch gesehen werden, uns von jenem letztlich sinnlosen Alternieren zwischen »weichen« und »harten« theoretischen Verfahren zu befreien. Daher hoffe ich, daß mein Interesse an dem von der »Materialität der Kommunikation« völlig verschiedenen Thema der Entstehung von Sinn und vor allem des Oszillierens zwischen Sinn- und Präsenzeffekten nicht mehr nur dem einen oder anderen jener beiden Pole zugeschrieben wird, zwischen denen die Literaturwissenschaft – und tendenziell die Geisteswissenschaften überhaupt – nunmehr seit Jahrzehnten gefangen sitzen. Auch wenn der Abschied von dem Wechsel zwischen weichen und harten Paradigmen nicht *die* Lösung des Problems darstellt, wie man die Metaphysik »überwinden« oder »hinter sich lassen« kann, so könnte dieser Bruch doch immerhin eine Möglichkeit darstellen, wie man der Metaphysik als einem theoretischen Kraftfeld entrinnen (oder sie vergessen) kann. Die andere – wichtigere,

28 Die Wichtigkeit von Friedrich Kittlers Arbeiten liegt in der Möglichkeit, sie in diesem Zusammenhang als einen Schritt in Richtung Kompensation zu lesen. Außer Kittlers Buch *Aufschreibesysteme 1800/1900* siehe auch den von ihm herausgegebenen überaus programmatischen Sammelband *Austreibung des Geistes aus den Geisteswissenschaften. Programme des Poststrukturalismus*, Paderborn 1980.

aber weniger »epistemologische« – Antwort auf die Frage, warum wir unbedingt die »Metaphysik überwinden« wollen, läuft darauf hinaus, daß wir zumindest intuitiv das Gefühl haben, die metaphysische Weltsicht hänge mit dem zusammen, was ich »Weltverlust« nenne. Hier liegt ein wichtiger Grund, weshalb wir das Gefühl haben, zu den Dingen dieser Welt keinen Kontakt mehr zu haben.

Jenseits des Sinns
Standpunkte und Begriffe in Bewegung

I

Eines meiner Lieblingszitate ist schon seit langem eine Stelle aus dem ersten Kapitel von Derridas *Grammatologie*. Dort schreibt der Autor in vielleicht absichtlich sanftem, paradoxem Ton (aber jedenfalls in paradoxem Ton) über das »Zeitalter des Zeichens« (und bezieht sich meines Erachtens auf das, was bei mir »Metaphysik« heißt). Insbesondere steht dort zu lesen, das »Zeitalter des Zeichens« werde »vielleicht nie vorübergehen. Sein historisches Ende jedoch zeichnet sich ab.«[1] Dies war sicher und ist bestimmt immer noch eine bündige und zugleich klare Beschreibung des Standpunkts der Dekonstruktion bezüglich der Frage des (unmöglichen oder möglichen) Endes der Metaphysik, und wahrscheinlich ist es sogar weiterhin eine treffende Beschreibung dessen, was man von außerhalb des Bereichs der Dekonstruktion als eine mehr oder weiniger institutionalisierte theoretische Position innerhalb der Geisteswissenschaften insgesamt kennzeichnen möchte. Es gibt überzeugende Argumente dafür, das Zeitalter der Polarität zwischen dem rein materiellen Signifikanten und dem rein geistigen Signifikat zum Abschluß zu bringen, aber es liegt nicht auf der Hand – und geht sicher nicht aus dem Text Derridas hervor –, daß wir diese Argumente wirklich so einsetzen wollen, daß damit definitiv das Ende der Metaphysik ausgesprochen wäre. Zumindest von meinem Standpunkt lautet die dringendste Frage daher: Wer wird die nötige Geduld – die unendliche Geduld – aufbringen, um Derrida zuzustimmen? Denn wenn man nicht beendet, was zu einem potentiellen Abschluß gebracht wurde, dann muß das doch wie eine Position des vorsätzlich hingenommenen Leidens wirken, mithin wie eine Position, die außerdem und natürlich nicht zufällig der Grundstruktur der von Paul de Man ständig wiederholten Klage über die Unfähigkeit der menschlichen Sprache zum Bezeichnen, zur Bezug-

1 Jacques Derrida, *De la grammatologie*, Paris 1967, übers. von Hans-Jörg Rheinberger u. Hanns Zischler: *Grammatologie*, Frankfurt a. M. 1974.

nahme auf die Dinge dieser Welt ähnelt. De Man behauptete, er habe die illusorische Vorstellung von einer, wie er sagt, »semiotischen Lektüre« zum Abschluß gebracht, doch indem er den Verlust der Bezugnahme und der festen Bedeutung so aufrichtig beklagt, hat er es unmöglich gemacht, sie je hinter sich zu lassen.

Was hieße es nun, dem Zeitalter des Zeichens ein Ende zu setzen – und was wäre dazu erforderlich? Was hieße es, der Metaphysik ein Ende zu setzen – und was wäre dazu erforderlich? Es kann bestimmt nicht heißen, daß wir Sinn, Bezeichnung und Interpretation preisgäben. Unter Bezugnahme auf das vorige Kapitel glaube ich, daß das »Jenseits« der Metaphysik nichts anderes bedeuten kann, als daß man zusätzlich zum Interpretieren noch etwas anderes tut, ohne freilich die Interpretation als ein elementares und wahrscheinlich unvermeidbares theoretisches Verfahren aufzugeben. Es würde bedeuten, daß man Begriffe ausprobiert und entwickelt, die uns in den Geisteswissenschaften die Möglichkeit geben könnten, zur Welt in ein Verhältnis zu treten, das komplexer ist als die Interpretation allein, komplexer als die bloße weltbezogene Sinnzuschreibung (oder um es mit Hilfe einer älteren Topologie zu sagen: komplexer als das Extrahieren von Bedeutungen aus der Welt). Die Mühe, die es uns kosten würde, zusätzlich zu den hermeneutischen Begriffen nichtinterpretative Begriffe zu entwickeln, würde sich daher gegen die Konsequenzen und Tabus richten, die von der Inthronisierung der Interpretation als des *alleinigen* Kernverfahrens der Geisteswissenschaften herrühren. Die Schwierigkeit eines solchen Bemühens um Anlegung eines Vorrats von nichtinterpretativen Begriffen für die Geisteswissenschaften würde (oder wird) in dem schlichten Faktum liegen, daß es infolge der Vorherrschaft des cartesianischen Weltbilds seit der frühen Neuzeit und der Dominanz der Hermeneutik seit dem frühen zwanzigsten Jahrhundert in unserer geistigen Welt zumindest auf den ersten Blick buchstäblich unmöglich zu sein scheint, Begriffe zu präsentieren, die das Ziel der Anwendung (und Fundierung) eines nicht auf Interpretation hinauslaufenden Verfahrens erreichen können.

Derrida hat sich noch nie zurückgehalten, wenn es darum ging, neue Begriffe zu erfinden, und zwar selbst dann, wenn die Notwendigkeit dazu keineswegs auf der Hand lag. Warum zögert er jetzt, wo es darauf ankommt, einen neuen Begriff vorzulegen, der es uns ermöglichen würde, das Zeitalter des Zeichens zu beenden? Meines Erachtens ist er vor einem solchen Versuch zurückgeschreckt, weil er (vielleicht zu Recht) vermutet, dadurch würde es unvermeidlich, daß er »sich die Hände schmutzig macht« (obwohl man dabei, wenn man es »als Geisteswissenschaftler« tut, sowieso nicht sonderlich schmutzig wird). Das, worauf ich mit dieser recht saloppen Formulierung hinauswill, ist folgendes: Es gibt wahrscheinlich keine Möglichkeit, der ausschließlichen Vorherrschaft der Interpretation ein Ende zu bereiten und außerdem die Hermeneutik und die Metaphysik in den Geisteswissenschaften preiszugeben, wenn man keine Begriffe verwendet, die von potentiellen theoretischen Gegnern polemisch als »substantialistisch« charakterisiert werden können, d. h. Begriffe wie der Substanzbegriff selbst, wie »Präsenz« und vielleicht sogar »Realität« und »Sein«. Der Gebrauch solcher Begriffe gilt in den Geisteswissenschaften jedoch seit langem als Symptom eines erbärmlich schlechten intellektuellen Geschmacks. Ja, der Glaube an die Möglichkeit einer anders als durch Sinn bewerkstelligten Bezugnahme auf die Welt ist mittlerweile gleichbedeutend mit dem höchsten Grad an philosophischer Naivität, und bis vor ganz kurzer Zeit haben nur wenige Geisteswissenschaftler den Mut aufgebracht, diese potentiell verheerende und peinlich berührende Kritik mit Absicht auf sich zu lenken. Wir alle wissen nur zu gut, daß die Geisteswissenschaften, auch wenn sie auf Autopilot geschaltet sind, alles vorbringen können, was nötig ist, um den Vorwurf des »Substantialismus« zu widerlegen. Schon seit vielen Jahren beruht der umwerfende Erfolg der Dekonstruktion darauf, daß alle Dekonstruktivisten dazu bereit sind, jedem, der eine nicht ausschließlich sinnfundierte Beziehung zur Welt zu begründen trachtet, den Einwand der Naivität oder zumindest des Substantialismus entgegenzuschleudern – und dieses Verfahren wird sogar gegen diejenigen eingesetzt, die in sehr viel bescheidenerer Form den Versuch machen, Argumente für die Möglichkeit der Identifikation und Aufrechterhaltung einer festen Bedeutung vorzubringen. Trotz aller ihrer revolutionären Ansprüche und ihrer Zuversicht, über ein ausreichendes theoretisches Potential zu verfügen, um »das Zeitalter des Zeichens« zum »Ende« zu bringen, verläßt sich die

Dekonstruktion demnach weitgehend auf sanften Terror, um die in den Geisteswissenschaften bestehende Ordnung zu stützen.[2]

2

Unter dem Gesichtspunkt dieser wissenschaftlichen Tabus mache ich mir in diesem Kapitel die Hände gräßlich schmutzig, denn hier versuche ich eine Schicht in den kulturellen Objekten und in unserem Verhältnis zu ihnen zu erreichen und zu denken, die mit keiner Sinn-Schicht identisch ist. Nun möchte ich zwar schleunigst das Offensichtliche akzentuieren, nämlich daß dies ein keineswegs lebensbedrohender Schritt sein wird, aber dennoch könnte es angebracht sein, auf eine Reihe wichtiger Affinitäten im Rahmen der heutigen Geisteswissenschaften hinzuweisen, sofern ich von wenigstens einigen Kollegen und deren Studenten gelesen werden und den potentiellen Eindruck vermeiden möchte, die einzige Triebkraft hinter meiner Argumentation sei eine (äußerst!) verspätete Jünglingsrevolte gegen die höchsten Autoritäten der von mir bewohnten Berufswelt (oder gar eine in noch höherem Maße verspätete – ja nachgerade infantile – Lust am Beschmutzen meiner Hände). Um jedoch meine eigene Position auf der heutigen Landkarte der Geisteswissenschaften zu unterstreichen, könnte es ein praktischer Einfall sein, mit meiner Liste der Affinitäten auf der Gegenseite zu beginnen, d. h. mit einem Philosophen anzufangen, dem ich zwar mit Bezug auf viele Deutungen und Fragen zustimme, dessen neuere Arbeiten jedoch in ganz hyperbolischer und sogar programmatischer Form in die entgegengesetzte Richtung gehen.

Der Philosoph, den ich meine, ist Gianni Vattimo, und im besonderen beziehe ich mich auf sein Buch *Jenseits der Interpretation.*[3] Vattimo gehört zu jenen Maximalisten unter den

2 Als Beispiel für einen im Bann eines ähnlichen sanften Terrorismus geschriebenen Artikel siehe Hans Ulrich Gumbrecht, »Who is Afraid of Deconstruction?«, in: Harro Müller u. Jürgen Fohrmann (Hg.), *Diskurstheorien und Literaturwissenschaft*, Frankfurt a. M. 1987, S. 95-114.

3 Gianni Vattimo, *Oltre l'interpretazione*, dt. Übers. von Martina Kempter: *Jenseits der Interpretation*, Frankfurt a. M. 1997, engl. Übers. *Beyond Interpretation*, Stanford 1997.

heutigen Hermeneutikern, die davon überzeugt sind, daß die Meinung (die für ihn freilich mehr ist als bloße »Meinung«), Interpretation sei unser einzig mögliches Verfahren der Bezugnahme auf die Welt, schon längst die Naturwissenschaften erreicht und infolgedessen alle naturwissenschaftlichen Faktizitätsansprüche verwässert habe: »Die ausschließlich als Konflikt der Interpretationen gesehene Welt ist kein Bild, das gegen den Realismus und Positivismus der Naturwissenschaft in Schutz genommen werden müßte. Vielmehr wird die Welt von der als Erbin und Vollenderin der Metaphysik angetretenen modernen Naturwissenschaft selbst in einen Ort verwandelt, an dem es keine Fakten (mehr) gibt, sondern nur noch Interpretationen.«[4] Unter allen hermeneutischen Maximalisten und allen Geisteswissenschaftlern, die die Interpretation für das einzig mögliche Welt-Verhältnis des Menschen halten, habe ich Zitate aus Vattimos Buch ausgewählt, weil dieser Text durch seine zwar höfliche, aber zugleich hinreichend aggressive Wortwahl zeigt, daß Gebärden der theoretischen Einschüchterung gegenüber denen, die sich zum Gebrauch irgendwelcher »substantialistischer« Begriffe verlocken lassen könnten, tatsächlich zu einer den hermeneutischen Maximalismus energisch stützenden Strategie geworden sind. In diesem Sinne empfiehlt Vattimo eine maximalhermeneutische Reaktion, die Heideggers Konzept der »Seinsgeschichte« »gegen den Strich bürstet« – ein Konzept, auf das ich an einer späteren Stelle die-

4 Vattimo, *Beyond Interpretation*, S. 27. Dies ist freilich der Ort, an dem man auf jenen berüchtigten Vorfall hinweisen sollte, der unter der Bezeichnung »Sokals Schabernack« bekannt ist und viele Geisteswissenschaftler dazu gebracht hat, vor übertriebener hermeneutischer Zuversicht auf der Hut zu sein. Siehe meinen eigenen Kommentar »Blinde Überzeugungen. Wie Sokals Jux erst moralisiert und dann zerredet wurde. Über das Verhältnis von politischem Bekenntnis und wissenschaftlicher Forschung«, in: *Die Zeit*, 28. Februar 1997. Eine ernsthaftere (und letzten Endes nicht weniger wirksame) Position als der Standpunkt Sokals wird von Steve Chu vertreten: »The Epistemology of Physics«, in: Heidrun Krieger Olinto u. Karl Erik Schollhammer (Hg.), *Novas epistemologias. Desofios para a universidade do futuro*, Rio de Janeiro 1999, S. 12-32. Chu, der zu den Physik-Nobelpreisträgern des Jahres 1997 gehört, ist sich zwar über die interpretative Dimension der Naturwissenschaft im klaren, aber zugleich ist er weit davon entfernt, irgendwelche Faktizitätsansprüche aufzugeben.

ses Kapitels zurückkommen werde und das ich meinerseits als Ermunterung zum Bruch des von den Geisteswissenschaften verhängten Tabus gegen jegliche »nichthermeneutische«, d.h. »substantialistische« Sprache auffasse. Hinsichtlich der Frage, was Heidegger unter »Seinsgeschichte« versteht, gibt es zwar wahrscheinlich keine Meinungsverschiedenheit zwischen Vattimo und mir, doch unsere Reaktionen auf diesen Begriff könnten nicht verschiedener sein. Während ich die Substantialität des Seins gegen den Universalitätsanspruch der unendlichen Interpretation kehren möchte, will Vattimo es erreichen, daß das Sein (das Verlangen nach Sein?) unter einer endlos fortgesetzten Kette von Interpretationen verschwindet: »Nach der von mir vorgeschlagenen Lesart der Seinsgeschichte ist sie die Geschichte eines ›langen Abschieds‹, einer grenzenlosen Schwächung des Seins. In diesem Fall wird die Überwindung des Seins nicht als Vergegenwärtigung des Seins – nicht einmal als stets hinter jeder Formulierung stehender Terminus – begriffen, sondern nur als Erinnerung an die Seinsvergessenheit.«[5] Daß Vattimo seinen gegen Präsenz und Substantialismus gerichteten Standpunkt außerdem eine »linke Lesart Heideggers« nennt, zeigt, was ich mit meiner Behauptung meine, daß Hermeneutik und Interpretation im Diskurs der Geisteswissenschaftler durch Gebärden der theoretischen Einschüchterung geschützt werden. Denn wer könnte es sich in den Geisteswissenschaften erlauben, sich dem doppelten Vorwurf auszusetzen, sowohl »Substantialist« als auch »kein Linker« zu sein?

Umberto Eco wäre vielleicht der einzige Kollege, der eine derart gewagte Doppelprovokation überstehen könnte. In der Tat hat er den unzeitgemäßen Anspruch angemeldet, zu einer Form der Textinterpretation zurückkehren zu wollen, die, anstatt unbegrenzt viele Varianten zu produzieren, endgültige Resultate erbringen oder zumindest Kriterien liefern könnte, die es gestatten, zwischen besseren und schlechteren Interpretationen zu unterscheiden. Beim Versuch, den Titel einer Sammlung seiner Essays zu erklären, schreibt Eco: »Die Grenzen der Interpretation fallen mit den Rechten des Texts zusammen (was nicht das gleiche bedeutet wie die Behauptung, sie fielen mit den

5 Vattimo, *Beyond Interpretation*, S. 13.

Rechten des Autors zusammen).«[6] Dabei muß Eco darauf vertrauen, diese neu erstandene traditionelle Form der Interpretation auf eine Art von Weltbezug – oder zumindest auf eine Bezugnahme auf den Text als einen von Mehrdeutigkeiten freien Gegenstand – gründen zu können, und damit hat er bereits die Grenzen überschritten, die sich die Phänomenologie und die Geisteswissenschaften später im Rahmen des hermeneutischen Felds und des klassischen Subjekt/Objekt-Paradigmas gesetzt haben (wobei das hermeneutische Feld mitunter auch im Sinne dieses Paradigmas aufgefaßt wurde). Es gibt jedoch begründete Zweifel daran, daß es nach all den Krisen in der Geschichte der abendländischen Philosophie des zwanzigsten Jahrhunderts gelingen kann, eine solche bewußte Rückkehr zur epistemologischen Naivität in tragfähiger Form durchzusetzen. Es ist nämlich das Subjekt/Objekt-Paradigma, das heute jeden unproblematischen Weltbezug ausschließt – und ebendieses Paradigma läßt Eco unangetastet (oder er repariert es versehentlich), wenn er an »den Rechten des Texts« festhält. Genau dies ist der Grund, weshalb ich glaube, daß wir den Versuch machen sollten, unseren Kontakt zu den Dingen der Welt außerhalb des Subjekt/Objekt-Paradigmas (oder einer modifizierten Spielart dieses Paradigmas) wiederherzustellen und die Interpretation zu meiden – und dies ohne die von den Geisteswissenschaftlern seit langem inaugurierte, höchst raffinierte und überaus reflektierte Kunst der Interpretation auch nur zu kritisieren.

Das ist auch der Grund, warum ich eine derart ausgeprägte Affinität mit dem Ausgangspunkt von Jean-Luc Nancys Buch *The Birth to Presence* empfinde. Dort stoße ich auf ein (mir zumindest) sehr vertrautes Gefühl der Enttäuschung über einen Standpunkt, wie er in der heutigen Philosophie von Vattimo vertreten wird: »Es kommt der Moment, da man nichts mehr empfinden kann außer Zorn, einen gewaltigen Zorn über so viele Diskurse, so viele Texte, denen an nichts anderem liegt, als ein bißchen mehr Sinn zu schaffen und diffizile Leistungen der Sinnbestimmung nochmals zu erbringen oder zu vervollkommnen.«[7] Die Präsenz, die Nancy als Alternative zu all je-

6 Umberto Eco, *I limiti dell'interpretazione*, dt. *Die Grenzen der Interpretation*, München 1992.

7 Jean-Luc Nancy, *The Birth to Presence*, Stanford 1993, S. 6.

nen Diskursen herbeisehnt, die bloß »ein bißchen mehr Sinn schaffen«, ist gewiß nicht die selbstreflektierte Form der Präsenz, die Derrida an der Philosophie Husserls kritisiert hat. Ganz im Gegenteil, Nancy spielt auf eine Vorstellung von Präsenz an, die nicht ohne weiteres – wenn nicht gar unmöglich – an die Erkenntnistheorie des neuzeitlichen Abendlands angeglichen werden kann, denn sie bringt die Dimension der physischen Nähe und Greifbarkeit wieder ins Spiel: »Die ›Wonne der Präsenz‹ ist die mystische Formel par excellence«, und eine solche Form der Präsenz, die der Sinndimension entschlüpft, muß in einem Spannungsverhältnis zum Prinzip der Repräsentation stehen: »Die Präsenz kommt nicht, ohne jene Präsenz auszulöschen, welche die Repräsentation bezeichnen möchte (ihr Fundament, ihren Ursprung, ihr Thema).«[8] Dabei ist Nancy unter den Autoren, auf die ich mich beziehen möchte, um heutige Affinitäten mit meinem eigenen Ausgangspunkt zu kennzeichnen, auch der erste, der auf die Gewißheit hinweist, daß die Präsenz zumindest unter heutigen Verhältnissen – und insofern anders als die »Realpräsenz« der mittelalterlichen Theologie – kein Bestandteil einer permanenten Situation werden kann. (Diese Gewißheit beruht nicht auf begrifflichen Deduktionen, sondern ist eine beinahe »praktische« Gewißheit, die in erster Linie auf Erfahrung basiert.) Die Präsenz kann niemals etwas sein, woran wir uns sozusagen festhalten könnten.

Das muß der Grund sein, weshalb Nancy (und mit ihm eine ganze Reihe von Philosophen, denen an Phänomenen der Präsenz gelegen ist) diesen Begriff mit Bedingungen »extremer Zeitlichkeit« in Verbindung bringt. Die Präsenz – jedenfalls die Präsenz unter heutigen Bedingungen – ist nach Nancy eine Geburt, ein »Kommen, das sich selbst auslöscht und sich selbst zurückbringt«. Wahrscheinlich gibt es keinen Theoretiker, der ebendieses Motiv der »extremen Zeitlichkeit« mit reichhaltigeren begrifflichen Resultaten ausgearbeitet hat als Karl Heinz Bohrer. Anders als Nancy jedoch richtet Bohrer sein Augenmerk kaum jemals auf den Präsenzbegriff selbst. Für ihn ist die »Plötzlichkeit«, das Ephemere bestimmter Erscheinungen und Weggänge, das Hauptmerkmal ästhetischer Erfahrung. Mit Bezug darauf spricht er von »ästhetischer Negativität« und der

8 Ebd., S. 4f.

»Negativität des Bewußtseins verschwindender Präsenz«.[9] Was unter solchen Bedingungen an Bohrers Begriff der ästhetischen Erfahrung in Erscheinung tritt, ist offenbar kein Sinnelement, sondern Substanz. Aber es scheint sich ausschließlich um die Substanz des Signifikanten zu handeln. So schreibt Bohrer z. B. im Hinblick auf Kafkas berühmte Reflexion über den Eindruck, den eine jüdische Theatertruppe auf ihn gemacht hatte: Kafka »liest den Ausdruck des Schauspielers nicht auf etwas Auszudrückendes (seine Rolle) hin, sondern liest allein aus dem Ausdruck«.[10]

Im Anschluß an Nancys und Bohrers Akzentuierung der »extremen Zeitlichkeit« interessiert mich an George Steiners Gedanken über »eigentliche Präsenzen« die Beachtung, die er dem Verhältnis zwischen Sinnschichten und Schichten substantieller Präsenz im Kunstwerk schenkt (oder sollte man eher von wechselseitiger Durchdringung sprechen?).[11] Nach Steiner soll der Effekt der Präsenz von einer »Wette« auf die im vollen theologischen Sinne dieser Worte verstandene göttliche Präsenz herrühren:

> Diese Wette – sie findet sich bei Descartes, bei Kant und bei allen Dichtern, Künstlern oder Komponisten, von denen wir explizit Zeugnis haben – behauptet die Gegenwart einer Wirklichkeit, einer »Substantiation« (das theologische Umfeld dieses Wortes ist evident) in Sprache und Form. Sie beinhaltet jenseits des Fiktiven oder rein Pragmatischen einen Übergang von Sinn zu Sinnhaftigkeit. Die Annahme lautet, daß »Gott« *ist*, nicht weil unsere Grammatik sich überlebt hat; sondern daß die Grammatik lebt und Welt erzeugt, weil es diese Wette auf Gott gibt. / Eine solche Annahme, wo immer sie zur Diskussion gestellt wurde oder wird, mag völlig irrig sein.[12]

Die Frage, ob das Reden über dieses Verlangen nach Präsenz nolens volens eine Beteiligung an dieser theologischen Wette impliziert, wollen wir hier beiseite lassen.[13] Denn sobald Stei-

9 Karl Heinz Bohrer, *Ästhetische Negativität*, München 2002, S. 7.

10 Ebd., S. 310.

11 George Steiner, *Real Presences* (1986), Paperbackausgabe: Chicago 1989, übers. von Jörg Trobitius: *Von realer Gegenwart*, München 1990.

12 Ebd., S. 4, Übers., S. 14.

13 Bei einer solchen Erörterung würde alles davon abhängen, ob man sich für eine engere oder eine weitere Definition der Begriffe »Theologie«

ner sein eigenes theologisches Engagement bekundet hat, füllt er die Stelle der substantiellen Präsenz tendenziell mit den materiellen Merkmalen diverser Arten von Kunstwerken:

Die Künste sind höchst wunderbar im Substantiellen verwurzelt, im menschlichen Körper, im Sein, im Pigment, im Schwirren von Darm oder im Luftzug am Schilfrohr. Alle gute Kunst und Literatur nehmen in der Immanenz ihren Anfang. Doch bleiben sie dort nicht stehen. Was ganz einfach heißt, daß es Anliegen und Privileg des Ästhetischen ist, das Kontinuum zwischen Zeitlichkeit und Ewigkeit, zwischen Materie und Geist, zwischen dem Menschen und dem »anderen« zu erleuchteter Gegenwart zu erwecken.[14]

In einem anderen Zusammenhang schreibt Steiner über die Entstehung einer »energie- und bedeutungsgeladenen Form aus dem Inneren«.[15] Wenn ich Steiner richtig verstehe, ist die Form des Kunstwerks deshalb »energiegeladen«, weil seine Präsenz »externalisiert, aktualisiert« worden ist, und zwar durch eine Bewegung, die von dem spezifischen Situationskontext ausgelöst worden ist, in dem das Kunstwerk seine Kräfte entfalten kann. (Auf einige Fragen, die diesen spezifischen Kontext betreffen, komme ich im nächsten Kapitel zurück.)[16] Dennoch bleibt die Form des Kunstwerks auch weiterhin eine bedeutungsgeladene Form und erzeugt ein Spannungsverhältnis zur »energiegeladenen« Form.

Ein dritter Aspekt, den ich an den Arbeiten einiger heutiger Autoren, die sich ebenso wie ich für die philosophischen Fragen der Präsenz begeistern, wichtig und bereichernd finde, ist ihre Kritik an einer Denkrichtung, die sich seit einigen Jahrzehnten mit einem gewissen Stolz als »Konstruktivismus« be-

und »Religion« entscheidet. Das war jedenfalls mein Eindruck nach einer Diskussion mit David Wellbery anläßlich eines Kolloquiums, das 1998 in Rio de Janeiro stattfand. Wellbery pochte dort auf die (seines Erachtens unweigerlich) theologische Basis meiner (seinerzeit noch relativ vagen) Gedanken über die »Produktion von Präsenz«.

14 Steiner, *Real Presences*, S. 227, Übers., S. 295 f.

15 Ebd., S. 215, Übers., S. 281.

16 Bei einer Unterhaltung im Mai 2002 meinte Nico Pethes, diese Fähigkeit der Substanz/Materialität zur Energieaufnahme sei verschieden (wenn nicht gar das Gegenteil) von der Funktion der Substanz/Materialität, wenn sie als »Trägerin« der Informations- und Wissensspeicherung dient. Dieser Meinung schließe ich mich an.

zeichnet. Wollte man den Konstruktivismus boshaft charakterisieren, würde man sagen, er sei eine abgewrackte Spielart der Ausgangsthese der Phänomenologie, der zufolge nur die Inhalte des menschlichen Bewußtseins ein Gegenstand der philosophischen Analyse sein können. Aus dieser Position ergibt sich die folgende notwendige Konsequenz: Was man als »Realität/Realitäten« identifiziert, kann dann nur als Projektion oder als »Konstruktion« unseres Bewußtseins behandelt werden. Dieses Postulat wird durch die heiklere Doppelthese ergänzt, erstens sei es möglich, an diesen Konstruktionen Merkmale eines allen Menschen gemeinsamen Bewußtseins (des »transzendentalen Subjekts«) zu ermitteln, und zweitens könne man Spuren dieser gemeinsamen Merkmale in allen existierenden Gesellschaften (»Lebenswelten«) ausfindig machen. Von dieser Grundlage ausgehend, führt der Konstruktivismus letzten Endes zu der Schlußfolgerung, alle Realitäten, die uns und anderen Menschen gemeinsam sind, seien »soziale Konstruktionen«. Heute hat sich der Konstruktivismus (meiner Meinung nach im Gegensatz zu seiner philosophischen Herkunft) in die banale Überzeugung verwandelt, der Mensch könne alles – vom »Geschlechtlichen« über die »Kultur« bis hin zur »Landschaft« – nach Belieben ohne weiteres ummodeln, denn alles sei »doch bloß eine menschliche Konstruktion«. Der Konstruktivismus als allgemein akzeptierte Basis der gängigen Diskussionen im Bereich der Gender-Philosophie wurde zum ersten Mal durch Judith Butlers Buch *Bodies That Matter* (1993) aufgescheucht. Dies ist das bisher wichtigste Buch Butlers, und das Provozierende lag darin, daß sie die »Materialität« des Körpers und die Trägheit, die diese Materialität des Körpers jeder Form von Veränderung entgegensetzt, wieder in die Debatte einbrachte: »Was ich an Stelle dieser Konzeptionen von Konstruktion vorschlagen möchte, ist eine Rückkehr zum Begriff der Materie, jedoch nicht als Ort oder Oberfläche vorgestellt, sondern als *ein Prozeß der Materialisierung, der im Laufe der Zeit stabil wird, so daß sich die Wirkung von Begrenzung, Festigkeit und Oberfläche herstellt, den wir Materie nennen.*«[17]

17 Judith Butler, *Bodies That Matter. On the Discursive Limits of »Sex«*, New York 1993, S. 9 (übers. von Karin Wördemann: *Körper von Gewicht*, Berlin 1995, S. 31). Zu dieser Einstellung ist Butler gelangt, nach-

Damit meint Butler, eine schlichte Entscheidung sei keineswegs ausreichend, um – wie der Konstruktivismus zu suggerieren scheint – das eigene Gender zu ändern. Dafür seien Verhaltens- und Handlungsformen nötig, die eine Zeitlang festgehalten werden (hier verwendet Butler den Begriff »*performance*«) und die dazu imstande sind, verschiedene Körperformen und Köperidentitäten zu prägen und hervorzubringen. Aber obwohl Butler ganz explizit Kritik am Konstruktivismus übt, wird dennoch deutlich, daß sie sich über das die konstruktivistische Position schützende diskursive Tabu im klaren ist. Dabei handelt es sich natürlich um jenes Tabu, das alle mit »Substanz« oder »Realität« zusammenhängenden Begriffe als schlechten intellektuellen Geschmack verunglimpft. Und selbst Judith Butler fühlt sich genötigt, vor der drohenden Beschuldigung, sie fröne diesem schlechten Geschmack, zurückzuweichen, indem sie gesteht, ein gewisses Maß an »Besorgnis« zu empfinden. Das geht so weit, daß sie sich schließlich in der ein wenig paradoxen Rolle einer Konstruktivistin präsentiert, die glaubt, es gebe substantielle körperliche Unterschiede:

> Der Kritiker verdächtigt die Konstruktivistin möglicherweise auch einer gewissen Körperfeindlichkeit und will sich vergewissern, daß diese abgehobene Theoretikerin zugesteht, daß zumindest minimale, nach Geschlecht differenzierte Körperteile, Tätigkeiten und Fähigkeiten und hormonelle sowie in den Chromosomen verankerte Unterschiede vorhanden sind, die ohne Bezugnahme auf eine »Konstruktion« eingeräumt werden können. Obwohl ich meinem fragenden Gegenüber erst einmal eine uneingeschränkte Zustimmung in dieser Hinsicht geben möchte, überwiegt doch eine gewisse Besorgnis. Die Unbestreitbarkeit des »biologischen« Geschlechts oder seiner »Materialität« einzuräumen heißt stets, daß man irgendeine Version des »biologischen Geschlechts«, irgendeine Ausformung von »Materialität« anerkennt.[18]

Butler konzentriert sich auf die Frage, wie körperliche Substanz transformiert werden kann – eine Frage, die meines Wissens noch von keiner Philosophie, die mit dem Begriff der Sub-

dem sie in ihren eigenen früheren Arbeiten Standpunkte vertreten hatte, die sich durchaus als konstruktivistisch charakterisieren lassen.

18 Ebd., S. 10, Übers., S. 32f.

stanz arbeitet, ausgeschlossen wurde –, und dabei möchte sie zeigen, daß es möglich sei, die konstruktivistische Doxa fallenzulassen, ohne den politischen Wert preiszugeben, der dem Recht des Subjekts auf Veränderung und seiner Fähigkeit zur Veränderung zukommt.

In einem ähnlich bahnbrechenden Buch, in dem das mimetische Vermögen des Menschen als Fähigkeit zu verkörperter Nachahmung analysiert wird, verstrickt sich der Anthropologe Michael Taussig in eine ähnliche polemische Auseinandersetzung mit dem Konstruktivismus wie Judith Butler. Da Taussigs wissenschaftliches Umfeld jedoch in politischer Hinsicht weniger angeheizt ist, wagt er sich mit weit mehr Zuversicht als Butler an die kritischen und häufig sogar ironischen Teile seiner Argumentation:

> In Wissenschaftlerkreisen wird man sich noch daran erinnern: Als der begeisterte Hinweis laut wurde, Rasse, Gender oder Nationalität seien nichts weiter als soziale Konstruktionen, Erfindungen und Repräsentationen, wurde ein Fenster aufgestoßen, und man wurde dazu aufgefordert, mit kritischem Blick an die Analyse und die Rekonstruktion der Kultur heranzugehen. ... Diese Verkündigung war so glänzend, daß man nichts mehr sehen konnte. Niemand fragte: Welches ist der nächste Schritt? Was fangen wir mit dieser alten Erkenntnis an? Falls das Leben ein Konstrukt ist, wie kommt es dann, daß es so unveränderlich wirkt? Wie kommt es, daß das Kulturelle so naturwüchsig erscheint?[19]

Taussig begnügt sich nicht mit dem neuerlichen, bewußt pleonastisch formulierten Hinweis auf das »wahre Reale« der Substanz und der Materialität. (Dies sei es, was das Kulturelle »so naturwüchsig« erscheinen lasse, und außerdem sei es »der nächste Schritt«, der in der Analyse über den Konstruktivismus hinausführe.) Überdies beginnt er den Wunsch nach einer anderen Epistemologie zu historisieren, indem er eine Beziehung postuliert zwischen neuen technischen Strukturen und einem »Aufladen« des auf Verkörperung angewiesenen mimetischen Vermögens:

19 Michael Taussig, *Mimesis and Alterity. A Particular History of the Senses*, New York 1993, S. XVI.

Wenn ich recht habe mit meiner Einbeziehung einer gewissen Magie des Signifikanten und des mimetischen Vermögens im Sinne von Walter Benjamin – dem zufolge es nämlich den Zwang beinhaltet, zum Anderen zu werden – und wenn es wirklich der Fall ist, daß die Moderne dank neuer sozialer Bedingungen und neuer Reproduktionstechniken (wie z. B. Film und Massenproduktion von Bildern) eine regelrechte Wiedergeburt, eine Aufladung und Umrüstung des mimetischen Vermögens eingeleitet hat, dann werden wir nach meinem Eindruck unverzüglich aufgefordert, wenn nicht gar gezwungen, das innere Heiligtum der mimetischen Mysterien zu betreten, wo wir durch Nachahmung Abstand vom Nachgeahmten finden werden und uns ein wenig befreien können vom Würgegriff des »Konstruktivismus« und der von ihm verfochtenen abscheulich passiven Sicht der Natur.[20]

Meinen eigenen Interessen oder zumindest den Belangen meines Fachs noch näher kommt der Vorschlag des Philosophen Martin Seel, eine neue Form der ästhetischen Reflexion auf den Begriff des »Erscheinens« zu gründen (und was die epistemologischen Prämissen anlangt, steht Seels Vorschlag dem vorliegenden Buch ebenso nahe wie die Arbeit Taussigs).[21] Unter den Begriff »Erscheinen« subsumiert Seel die Bedingungen, durch die uns die Welt gegeben ist und sich den menschlichen Sinnen präsentiert (ein anderes Wort, das er im gleichen Kontext verwendet, ist »Wahrnehmung«). Offenbar versucht die Ästhetik des Erscheinens, uns die Dinglichkeit der Welt wieder zum Bewußtsein zu bringen und sie körperlich spürbar zu machen. Unweigerlich steht das Erscheinen auch in einem Spannungsverhältnis zu dem dominanten interpretativen Ansatz, der unser Alltagsverhältnis zur Welt durchdringt, bis wir vergessen, daß es eine von der Sinnebene verschiedene Schicht voraussetzt. Es ist daher kein Zufall, daß Seel das Erscheinen mehrmals mit der Präsenz in Verbindung bringt – und was »erscheint«, ist deshalb »präsent«, weil es sich den menschlichen Sinnen verfügbar macht. Es gibt hier zwei Aspekte, die Seel besonders betont: Erstens bringt das Erscheinen der Dinge nach Seel immer ein Bewußtsein von den Grenzen der menschlichen Kontrolle über diese Dinge mit sich (er spricht von »Unverfüg-

20 Ebd., S. XVIII f.

21 Martin Seel, *Ästhetik des Erscheinens*, München 2000.

barkeit«). Zweitens (und dies ist offenbar die Kernfrage der Überlegungen Seels) bemüht er sich, jene Bedingungen und Mittel zu identifizieren und zu verstehen, durch die das Erscheinen in einer sozialen und kulturellen Umgebung bewerkstelligt werden kann, in der Sinnzuschreibung – und nicht sinnliche Wahrnehmung – unseren Formen des Umgangs mit der Welt institutionell vorgeordnet ist.

Die überraschendste – und vielleicht auch überzeugendste – Affinität habe ich mir für den Schluß dieses Teils meiner Argumentation aufgehoben. Hans-Georg Gadamer ist mehr als jeder andere Philosoph unserer Zeit mit der Hermeneutik (und auch mit deren Universalitätsanspruch) und der Interpretation als fortwährender Sinnproduktion in Verbindung gebracht worden; und nun hat ausgerechnet er in einem gegen Ende seines Lebens geführten Gespräch gemeint, man solle den nichtsemantischen, d. h. materiellen Komponenten literarischer Texte mehr Geltung verschaffen. Auf die vorsichtige Frage seines Gesprächspartners, ob es in einem Gedicht beispielsweise die Funktion dieser nichtsemantischen Merkmale sein könne, die »hermeneutische Identität« des Texts in Zweifel zu ziehen, antwortet Gadamer, indem er eine sehr viel radikalere Position entfaltet, die in der Tat der Annahme den Boden entzieht, der Sinn sei bei der Lektüre eines Gedichts immer und notwendig die dominante Dimension:

> Doch – ist es denn wirklich bei solchen Texten nur ein sinnorientiertes Lesen? Ist es nicht ein Singen? Der Prozeß, in dem ein Gedicht spricht – nur von einer Sinnintention getragen? Spricht nicht aus ihm gleichzeitig eine Vollzugswahrheit? Das ist die Aufgabe, die das Gedicht stellt![22]

Die nichthermeneutische Dimension des literarischen Texts wird von Gadamer als »Volumen« bezeichnet, und das Spannungsverhältnis zwischen den semantischen und den nichtsemantischen Komponenten des Texts setzt er mit dem Spannungsverhältnis zwischen »Welt« und »Erde« gleich, das Heidegger in seiner Arbeit »Der Ursprung des Kunstwerkes« darstellt. Es ist die Komponente der »Erde«, die es dem Kunst-

22 Hans-Georg Gadamer, *Hermeneutik, Ästhetik, Praktische Philosophie*, hg. von Carsten Dutt, 3. Aufl. Heidelberg 2000, S. 63.

werk oder dem Gedicht ermöglicht, »in sich dazustehen«. Es ist die »Erde«, die dem Kunstwerk räumliches Dasein verschafft.[23]

3

Aus der Perspektive der geistigen Genealogie betrachtet, ist Gadamers Hinweis auf Heidegger ganz und gar nicht verwunderlich, denn Gadamer hatte zur ersten Generation von Heideggers Studenten gehört. Aber der Zusammenhang, den Gadamer zwischen der nichthermeneutischen Dimension der Lektüre eines Gedichts und Heideggers Aufsatz »Der Ursprung des Kunstwerkes« herstellt, hat im Rahmen meiner Argumentation eine sehr viel weiter reichende Bedeutung. Denn alle Autoren, deren Arbeiten ich bisher als Bestandteile eines theoretischen Umfelds erörtert habe, das in einen Bereich »jenseits der Sinnzuschreibung« vorstoßen (und damit auch den Universalitätsanspruch der Hermeneutik hinter sich lassen) möchte, verhalten sich nach wie vor zögernd, sobald sie vor der Herausforderung stehen, das Alternativrepertoire an Begriffen zu entwerfen, das durch einen solchen Schritt in einen »jenseits des Sinns« gelegenen Bereich notwendig würde. Im vorigen Kapitel habe ich nebenbei darauf hingewiesen, daß die aristotelische Tradition – zumindest – eine Quelle von Anregungen für die Arbeit an einem solchen Begriffsvorrat sein könnte. In diesem Kapitel werde ich die Kultur des Mittelalters dem gleichen Zweck dienstbar machen (und das war eine so durch und durch aristotelische Kultur, daß der Name »Aristoteles« zum Synonym für das Substantiv »Philosoph« wurde).

Aber der einzige Philosoph aus unserer nicht so weit entfernten geistigen Vergangenheit, der ganz programmatisch – und über mehrere Jahrzehnte hinweg – ein solches Repertoire an nichtmetaphysischen Begriffen erarbeitet hat, ist natürlich Martin Heidegger. Heute gibt es zwar viele Heidegger-Interpreten, die diesen Aspekt seines Selbstverständnisses ausklammern wollen, doch *Sein und Zeit* – also jenes Buch, in dem die ganze Reichweite seines Denkens zum erstenmal sichtbar

23 Martin Heidegger, »Der Ursprung des Kunstwerkes«, in: Heidegger, *Holzwege*, 7. Aufl. Frankfurt a. M. 1994, S. 1-72, insbes. S. 28.

wird – sollte nach Heideggers eigener Auffassung eine *Ontologie* sein, eine »Ontologie im weitesten Sinne genommen und ohne Anlehnung an ontologische Richtungen und Tendenzen«.[24] Als Ontologie jedoch schrieb sich seine Philosophie in die geistige Bewegung der »konservativen Revolution« ein, die vor allem in den 1920er Jahren ein weitverbreitetes Unbehagen an dem von Heideggers Mentor Edmund Husserl repräsentierten theoretischen Verlust der Welt außerhalb des menschlichen Bewußtseins verkörperte und artikulierte.[25] Zumindest aus Heideggers Perspektive war Husserls Phänomenologie lediglich der Endpunkt einer tausendjährigen philosophischen Entwicklung, in deren Rahmen das Subjekt/Objekt-Paradigma die abendländische Kultur in einen Zustand der extremen Weltentfremdung geführt hatte, wobei unter dem Subjekt/Objekt-Paradigma jene begriffliche Konfiguration der fortwährenden Divergenz zwischen menschlichem Dasein und Welt zu verstehen ist, die auf dem Gegensatz zwischen dem menschlichen Dasein als einer rein geistigen Sphäre und der Welt als einer rein materiellen Sphäre basiert. In noch höherem Maße als Husserl (der seine Philosophie aus gutem Grund gern »cartesianisch« nannte) war Descartes der explizite Gegenstand von Heideggers Kritik. Eben darum werden die cartesianische Fundierung des menschlichen Daseins im Denken (und ausschließlich im Denken) sowie die daran anschließende Trennung zwischen menschlichem Dasein und Raum sowie zwischen menschlichem Dasein und Substanz in *Sein und Zeit* als Erbsünden der neuzeitlichen Philosophie hingestellt.[26] Unter diesem Gesichtspunkt betrachtet, ist der ausschlaggebende begriffliche Schritt in Heideggers Buch, wie bereits erwähnt, die Kennzeichnung des menschlichen Daseins als »in-der-Welt-Sein«, d. h. als ein Dasein, das immer schon in substantiellem und daher in räumlichem Kontakt mit den Dingen dieser Welt steht.[27]

»In-der-Welt-Sein« ist ein durchaus angemessener Begriff für eine Art des Denkens und der Analyse, die sich bemüht, in unserem Verhältnis zu den Dingen dieser Welt der Präsenz-

24 Heidegger, *Sein und Zeit*, 15. Aufl. Tübingen 1984, S. 11.

25 Zu Einzelheiten dieser flüchtigen historischen Kontextualisierung siehe Gumbrecht, *1926. Ein Jahr am Rand der Zeit*, S. 481-534.

26 Heidegger, *Sein und Zeit*, §§ 20 u. 21, S. 92-101.

27 Siehe vor allem § 23, S. 104-110.

komponenten wieder habhaft zu werden. Auf den folgenden Seiten möchte ich jedoch die Komplexität eines anderen Heideggerschen Schlüsselbegriffs entfalten, der in *Sein und Zeit* noch nicht ganz ausgeformt war, nach meiner Auffassung jedoch in enger Beziehung zu dem Aspekt der Substantialität steht. Gemeint ist der Begriff »Sein« – und ich habe zwei Gründe dafür, daß ich ihn hervorhebe. Erstens ist »Sein« derjenige Begriff der Heideggerschen Philosophie, der alle Versuche einer Integration seines Denkens in konventionellere Systeme vor die meisten Probleme gestellt hat. Außerdem ist »Sein« der hervorstechende Begriff, der sich im heutigen Allerweltsdenken (und vor allem im »Konstruktivismus«) unweigerlich dem Bannstrahl des »schlechten intellektuellen Geschmacks« aussetzt. Zweitens wird der Versuch, mehrere Dimensionen von Heideggers Begriff »Sein« zu entfalten, hoffentlich klarer zu Bewußtsein bringen, ein wie tiefgreifender Wandel an unserem gängigen Begriffsstil vorgenommen werden müßte, wenn wir uns ernsthaft bemühten, einen Diskurs zu entwickeln, der der geistigen (und vielleicht nicht ausschließlich geistigen) Faszination durch die Präsenz entspräche. Was die Konzentration auf diesen Begriff motiviert, ist jedenfalls nicht so sehr die Vorstellung (oder die Utopie) von einer vollständigen Aneignung des Heideggerschen Seinsbegriffs für ein derartiges Projekt, sondern die Hoffnung, das Eingehen auf diesen Begriff »Sein« könne unseren Horizont erweitern (um einen peinlich »pädagogischen« Ausdruck zu gebrauchen) und uns so dabei helfen, in unserem Denken über die Grenzen der metaphysischen Tradition hinauszugelangen.

Im folgenden werde ich also versuchen, vier verschiedene Perspektiven dingfest zu machen, die zumindest dazu angetan sind, die Komplexität und die anregende Exzentrizität dieses Begriffs zu erklären (wobei es sich um eine »Exzentrizität« innerhalb der metaphysischen Tradition handelt, von der unser Denken so gründlich durchdrungen ist).[28] Meine erste These lautet, daß »Sein« im Rahmen der Architektur von Heideggers Philosophie an die Stelle der Wahrheit (oder genauer gesagt: an

28 Sofern es nicht unangebracht ist, möchte ich den folgenden Kommentar zu Heidegger – aus herzlicher theoretischer Opposition heraus – meinem Kollegen Thomas Sheehan widmen.

die Stelle des Inhalts der Wahrheit) tritt, die seit Platon und dem frühen Platonismus von den »Ideen« (oder sonstigen Formen von begrifflichen Konfigurationen) eingenommen worden war; und sie besagt ferner, daß das Sein *nichts* Begriffliches ist. Heidegger geht es zwar um eine Neubestimmung der Wahrheit, aber das Sein ersetzt die Wahrheit nicht einfach. Vielmehr nennt Heidegger die Wahrheit ein »Geschehen«.[29] Grundsätzlich ist dieses Geschehen eine Doppelbewegung des Entbergens und Verbergens, deren Struktur ich näher zu beschreiben versuche, wenn wir auf dem Weg unserer Reflexionen über den Begriff des Seins fortschreiten. Das Sein ist das, was im Geschehen der Wahrheit sowohl entborgen als auch verborgen ist. Aufgrund dieser Position im Geschehen der Wahrheit ist das Sein, wenn es beispielsweise in einem Kunstwerk entborgen wird, weder etwas Geistiges noch etwas Begriffliches – daran läßt Heidegger keinen Zweifel aufkommen. Sein ist kein Sinn. Sein gehört zur Dimension der Dinge. Daher kann Heidegger über das Geschehen der Wahrheit in Kunstwerken sagen: »Die Kunstwerke zeigen durchgängig, wenn auch in ganz verschiedener Weise, das Dinghafte.«[30] Wenn das Sein das Dinghafte ist, so bedeutet das, daß es Substanz hat und daß es deshalb (im Gegensatz zu irgend etwas rein Geistigem) Raum einnimmt. Das erklärt, warum Heidegger in seiner *Einführung in die Metaphysik* – meines Erachtens nicht in metaphorischem Sinn – davon spricht, daß wir »in eine Landschaft treten«, wenn er zu beschreiben versucht, was es in seiner Philosophie bedeutet, der seit langem verlorengegangenen Seinsfrage wieder habhaft zu werden: »Wir treten durch unser Fragen in eine Landschaft, innerhalb deren zu sein die Grundvoraussetzung ist, um dem geschichtlichen Dasein eine Bodenständigkeit zurückzugewinnen«.[31] Daß das Sein Substanz hat und somit Raum einnimmt, impliziert außerdem die Möglichkeit, daß es eine Bewegung entfaltet: Das Sein als φύσις »ist das aufgehende Walten«.[32]

Meine zweite These besagt, daß sich die räumliche Bewe-

29 Siehe Heidegger, »Der Ursprung des Kunstwerkes«: »Im Dastehen des Tempels geschieht die Wahrheit« (S. 41), »Im Werk ist die Wahrheit am Werk, also nicht nur ein Wahres« (S. 42).

30 Ebd., S. 25.

31 Heidegger, *Einführung in die Metaphysik*, 3. Aufl. Tübingen 1966, S. 30.

32 Ebd., S. 139.

gung des Seins als mehrdimensional (genauer gesagt: als dreidimensional) erweist und daß diese mehrdimensionale Bewegung in ihrer vollen Komplexität das von Heidegger so bezeichnete »Geschehen der Wahrheit« erklärt. Die folgende Stelle aus Heideggers *Einführung in die Metaphysik* bezieht sich auf die ersten beiden (von insgesamt drei) Richtungen der Bewegung des Seins, die ich, Heideggers eigene Worte extrapolierend, »vertikal« (»aufgehend«) und »horizontal« (»ἰδέα«, »Aussehen«) nennen möchte:

Φύσις ist das aufgehende Walten, das In-sich-dastehen, ist Ständigkeit. Ἰδέα, Aussehen als das Gesichtete, ist eine Bestimmung des Ständigen, sofern es und nur sofern es einem Sehen entgegensteht. Aber φύσις als aufgehendes Walten ist doch auch schon ein Erscheinen. Allerdings. Nur ist das Erscheinen doppeldeutig. Erscheinen besagt einmal: das sich sammelnde, in der Gesammeltheit Sich-zum-Stand-bringen und so Stehen. Dann aber heißt Erscheinen: als schon Da-stehendes eine Vorderfläche, Oberfläche darbieten, ein Aussehen als Angebot für das Hinsehen.[33]

Nach meinem Dafürhalten ist es angemessen, die vertikale Dimension der Bewegung des Seins mit seinem schlichten Dasein (oder vielmehr: mit seinem Auftauchen ins Dasein und seiner Einnahme von Raum) in Verbindung zu bringen, während die horizontale Dimension auf das Sein als etwas Wahrgenommenes verweist, was außerdem bedeutet, daß sie auch darauf verweist, daß sich das Sein jemandes Blick darbietet (als Erscheinung und als ein »Ob-jekt«, als etwas, was sich »hin zu« einem Beobachter oder »gegen« einen Beobachter bewegt). Die dritte Dimension der Bewegung des Seins ist eine Dimension des Zurückziehens. In dem 1944/45 verfaßten Text »Zur Erörterung der Gelassenheit« schreibt Heidegger, daß das Sein »sich eher zurückzieht, als daß [es] uns entgegenkommt«, so daß »auch die Dinge, dic in der Gegnet erscheinen, nicht mehr den Charakter von Gegenständen haben«.[34] Nach meiner Überzeugung

33 Ebd.

34 Heidegger, »Zur Erörterung der Gelassenheit. Aus einem Feldweggespräch über das Denken«, in: *Gelassenheit*, 10. Aufl. Pfullingen 1992, S. 27-71, Zit. S. 40. Den rätselhaften, von Heidegger erfundenen Begriff »Gegnet« – der in diesem Text eine zentrale Rolle spielt – deute ich im Sinne von »Lichtung des Seins«.

ist dieses Zurückziehen ein Teil der doppelten, aus »Entbergung« und »Zurückziehen« zusammengesetzten Bewegung, die, wie wir bereits gesehen haben, das Geschehen der Wahrheit konstituiert, wobei der Teil »Entbergung« sowohl die vertikale Bewegung des »Aufgehens« (des Entstehens und seines Resultats: Dasein) umfaßt als auch die horizontale Bewegung der »ἰδέα« (als Sich-Präsentieren, Erscheinen).

Aber warum soll das Geschehen der Wahrheit aus einer doppelten Bewegung bestehen, deren Vektoren in entgegengesetzte Richtungen gehen?[35] Jeder Versuch, dieses Problem zu lösen, setzt voraus, daß wir eine weitere Annahme über die mögliche Beschaffenheit des Seins formulieren – eine Annahme, die hinzukommt zu den bisherigen Feststellungen: daß es Substanz hat, sich räumlich entfaltet und eine Dreierbewegung beinhaltet. Meine zusätzliche Annahme über den Begriff »Sein« läuft nun darauf hinaus, daß seine Bezugnahme auf die Dinge dieser Welt unabhängig von (oder vor) ihrer Interpretation und Strukturierung durch ein Netz historisch oder kulturell spezifischer Begriffe geleistet werden soll. Mit anderen Worten, das Sein bezieht sich meines Erachtens auf die Dinge dieser Welt, ehe sie einer Kultur angehören (oder um die rhetorische Figur der Paradoxie zu bemühen: der Begriff bezieht sich auf die Dinge dieser Welt, ehe sie dieser Welt angehören).[36] Wenn wir die Vorstellung ausschließen, das Sein könne genau das sein, was keine Struktur hat, ließe sich die Doppelbewegung der Entbergung und des Zurückziehens wie folgt erklären: Das Sein wird nur außerhalb des Netzes der Semantik und sonstiger kultureller Unterscheidungen Sein sein. Damit wir jedoch das Sein erfahren können, müßte es allerdings die Schwelle zwischen einem (immerhin vorstellbaren) Bereich ohne Raster irgendeiner spezifischen Kultur einerseits und den gründlich strukturierten Bereichen verschiedener Kulturen andererseits überschreiten. Ebenso müßte das Sein, um erfahren werden zu können, Teil ei-

35 Beim Versuch, diese Frage zu beantworten, beziehe ich mich auf meinen Artikel »Martin Heidegger and His Japanese Interlocutors. About a Limit of Western Metaphysics«, in: *Diacritics* 30, 4 (Winter 2000), S. 83-101.

36 In dem eben genannten Artikel basiere ich diese Zusatzannahme vor allem auf die starke Affinität, die Heidegger im Hinblick auf das asiatische Denken, zumal mit dem Zen-Buddhismus empfand.

ner Kultur werden. Sobald es jedoch diese Schwelle überschreitet, ist es natürlich nicht mehr das Sein. Darum muß sich das Entbergen des Seins im Geschehen der Wahrheit als fortwährende Doppelbewegung des Vortretens (hin zur Schwelle) und des Zurücktretens (weg von der Schwelle) – des Entbergens und Verbergens – verwirklichen. Aus Heideggers Sicht scheint sich diese Doppelbewegung auf wenigstens zwei verschiedenen Ebenen zu vollziehen. Gewiß, das Spannungsverhältnis zwischen Vortreten und Zurücktreten ist eine Konfiguration, die wir alle sozusagen aus unserer persönlichen Erfahrung mit Akten der Welterfahrung kennen. Aber die gleiche Struktur ist außerdem konstitutiv für Heideggers sehr viel umfassenderes Konzept einer »Seinsgeschichte«. Ob sich das Sein entbirgt oder nicht, hängt nicht nur von der (größeren oder geringeren) Gelassenheit ab, die jedes Dasein einzubringen vermag, sondern es ist außerdem abhängig vom je spezifischen Moment in der Zeit der Menschheit. In dieser Hinsicht war Heidegger beispielsweise davon überzeugt, daß das alte Griechenland eine unvergleichlich viel bessere Chance hatte, bei der Entbergung des Seins präsent zu sein, als etwa die Bewohner des frühen zwanzigsten Jahrhunderts. Aus diesem Blickwinkel – dem Blickwinkel eines Zurücktretens, das nie ganz überwunden werden kann – ist das Sein nicht »gutartig« – oder zumindest nie so gutartig wie das, was der Menschheit durch den christlichen Begriff der Offenbarung gegeben ist.[37]

Meine dritte These bezieht sich auf die Rolle des Daseins im Geschehen der Wahrheit (»Dasein« ist Heideggers Wort für »menschliche Existenz«). Um diesen Aspekt zu verstehen, ist es wichtig zu bedenken, daß »Dasein« nicht gleichbedeutend ist mit den üblichen Definitionen von »Subjekt« oder »Subjektivität«, was bedeutet, daß dieser Begriff ein anderer ist als der Begriff der Subjektivität, der zum erkenntnistheoretischen Kontext des Subjekt/Objekt-Paradigmas gehört. Dasein ist in-der-Welt-Sein, also menschliche Existenz, die immer schon in – sowohl räumlichem als auch funktionalem – Kontakt mit der Welt steht. Diese Welt, mit der das Dasein in Kontakt steht, ist »zuhanden«, sie ist immer schon interpretierte Welt. Indem

37 Auf diesen Aspekt bin ich von Catherine Pickstock hingewiesen worden.

Heidegger die Situation des in-der-Welt-Seins voraussetzt, kennzeichnet er den möglichen Beitrag des Daseins zur Entbergung des Seins als Gelassenheit, mithin als die Fähigkeit, die Dinge sein zu lassen. Der Anstoß oder die Initiative zur Entbergung des Seins scheint deshalb (sofern derartige Worte überhaupt angemessen sein können) nicht von der Seite des Daseins, sondern von der Seite des Seins herzukommen. Interessant ist daher, daß die Gelassenheit einer weiteren Bestimmung zufolge »außerhalb der Unterscheidung von Aktivität und Passivität« steht.[38] Da das Dasein nach Heidegger in-der-Welt sein muß (und nicht, wie das Subjekt, der Welt gegenüberstehen kann),[39] ist es auch einleuchtend, daß die Gelassenheit seiner Beschreibung zufolge »das Sichloslassen aus dem transzendentalen Vorstellen« ist.[40] Offenbar soll das Dasein keine Position einnehmen, die mit der Manipulation, Umgestaltung oder Interpretation der Welt in Verbindung gebracht werden kann.

Abschließend möchte ich Heideggers in vielen verschiedenen Büchern und Texten seines Gesamtwerks geäußerte Tendenz erörtern, das Kunstwerk als bevorzugten Ort des Geschehens der Wahrheit – also der Entbergung (und des Zurücktretens) des Seins – hinzustellen. In diesem Zusammenhang muß ich betonen, daß ich trotz mancher Anwandlungen von Unsicherheit, die mich gelegentlich überkommen, wenn ich mich als Literaturwissenschaftler auf philosophisches Terrain vorwage, natürlich keine Jubel- oder Triumphgefühle empfinde, weil Heidegger dem Kunstwerk eine privilegierte epistemologische Stellung einräumt[41] (oder weil es bei den abendländischen Philosophen von heute den Trend gibt, die Wichtigkeit der Ästhetik aus ähnlicher Perspektive neu zu bewerten). Mein Hauptinteresse an Heideggers Analyse des Kunstwerks basiert schlicht

38 Siehe Heidegger, »Zur Erörterung der Gelassenheit«, S. 33.

39 Zu den philosophischen und historischen Dimensionen dieser Unterscheidungen siehe Heidegger, »Die Zeit des Weltbildes«, in: *Holzwege*, S. 75-113.

40 Heidegger, »Zur Erörterung der Gelassenheit«, S. 57 (siehe auch S. 44).

41 Heidegger ersetzt den Begriff »Kunstwerk« nie durch »ästhetische Erfahrung« – eine Substitution, die heutzutage nachgerade obligatorisch ist. Er vermeidet das zweifellos deshalb, weil »ästhetische Erfahrung« semantisch gesehen in der Nähe der Dimension des Bewußtseins steht und daher leicht mit der phänomenologischen Dimension in Verbindung gebracht wird.

darauf, daß er dem Begriff des Seins in diesem Zusammenhang einen bestimmten Ort zuweist. Im folgenden zitiere ich eine Stelle aus »Der Ursprung des Kunstwerkes«, an der einige der bisher zusammengestellten Aspekte auf einen Punkt konvergieren, der sich beispielsweise dadurch auszeichnet, daß wir durch das Geschehen der Wahrheit die Dinge in anderer als der »gewöhnlichen« Weise sehen können, wobei diese »andere« Weise mit dem »Nichts« in Verbindung gebracht wird, d. h. mit einem Bereich, in dem alle kulturellen Unterscheidungen fehlen:

Dann ist die Kunst ein Werden und Geschehen der Wahrheit. Dann entsteht die Wahrheit aus dem Nichts? In der Tat, wenn mit dem Nichts das bloße Nicht des Seienden gemeint und wenn dabei das Seiende als jenes gewöhnliche Vorhandene vorgestellt ist, was hernach durch das Dastehen des Werkes als das nur vermeintlich Seiende an den Tag kommt und erschüttert wird. Aus dem Vorhandenen und Gewöhnlichen wird die Wahrheit niemals abgelesen. Vielmehr geschieht die Eröffnung des Offenen und die Lichtung des Seienden nur, indem die in der Geworfenheit ankommende Offenheit entworfen wird.[42]

Woher mag Heideggers spezifische Verknüpfung des Kunstwerks mit der Entbergung des Seins kommen? Das mindeste, was wir sagen können, ist, daß es sich bei der Vor-und-zurück-Bewegung, die er in der Entbergung des Seins erkennt, um eine Struktur handelt, auf die er auch sonst auf vielen Ebenen und in verschiedenen Zusammenhängen verweist, wenn er das Kunstwerk thematisiert. Es gibt zwar bestimmt keinen Grund zu der Annahme, Heidegger habe das Kunstwerk als den einzigen Ort kennzeichnen wollen, an dem die Entbergung des Seins möglich sei, aber andererseits legen seine Texte die Vermutung nahe, daß das Kunstwerk nach seiner Anschauung ein Medium ist, in dem das Geschehen der Wahrheit eher möglich (oder sollte ich sagen: eher wahrscheinlich) ist als sonstwo.

Aber der Text über den Ursprung des Kunstwerks liefert noch weitere Antworten auf die Frage nach der möglichen Bedeutung des Worts »Sein« (und das ist eine andere Frage als die, wie sich die Entbergung des Seins zutragen könne). In der Mitte

42 Heidegger, »Der Ursprung des Kunstwerkes«, S. 57f.

des Texts spricht Heidegger ausführlich über seine Erinnerung an einen antiken Tempel, und dies ist die Stelle, an der er im Rahmen seines Versuchs einer Charakterisierung des Seins zwei weitere Begriffe entfaltet: »Welt« und »Erde«. Natürlich ist das Verhältnis zwischen dem Tempel als Kunstwerk und dem entborgenen Sein kein Verhältnis der Repräsentation: »Ein Bauwerk, ein griechischer Tempel, bildet nichts ab.«[43] Die kontrastierenden Beschreibungen von »Welt« und »Erde« beinhalten eine komplexe Antwort auf die Frage, wie die Präsenz des Tempels dazu beitragen könne, daß sich die Entbergung des Seins zuträgt: »Die Welt ist die sich öffnende Offenheit der weiten Bahnen der einfachen und wesentlichen Entscheidungen im Geschick eines geschichtlichen Volkes. Die Erde ist das zu nichts gedrängte Hervorkommen des ständig Sichverschließenden und dergestalt Bergenden.«[44] Welches ist nun genau der Unterschied zwischen den Rollen, die »Erde« und »Welt« im Geschehen der Wahrheit spielen sollen? Was den Aspekt der »Erde« betrifft, konvergieren die bisher im Hinblick auf unser Verständnis des Begriffs »Sein« gesammelten Elemente einerseits und Heideggers Beschwörung des Tempels andererseits in dem Eindruck, daß schon die bloße Präsenz des Tempels die Entbergung einer ganzen Reihe von Dingen auslöst, die – in ihrer Dinghaftigkeit – den Tempel umgeben:

> Dastehend ruht das Bauwerk auf dem Felsgrund. Dies Aufruhen des Werkes holt aus dem Fels das Dunkle seines ungefügen und doch zu nichts gedrängten Tragens heraus. Dastehend hält das Bauwerk dem über es wegrasenden Sturm stand und zeigt so erst den Sturm selbst in seiner Gewalt. Der Glanz und das Leuchten des Gesteins, anscheinend selbst nur von Gnaden der Sonne, bringt doch erst das Lichte des Tages, die Weite des Himmels, die Finsternis der Nacht zum Vor-schein.[45]

Der Grundgedanke dieser Sätze über die »Erde« ist von trügerischer Unkompliziertheit. Nur die Präsenz bestimmter Dinge (in diesem Fall: die Präsenz des Tempels) schafft die Möglichkeit, daß andere Dinge mit ihren materiellen Ureigenschaften in

43 Ebd., S. 27.
44 Ebd., S. 34.
45 Ebd., S. 27.

Erscheinung treten – und diesen Effekt könnte man für eine Form (und einen Teil) der Entbergung ihres Seins erachten.

Sehr viel schwieriger zu entschlüsseln ist, inwiefern uns der Begriff »Welt« dabei helfen kann, den Begriff des Seins zu erfassen. Denn wenn das unverborgene Sein (unserer ersten These zufolge) etwas Dinghaftes, und zwar etwas unabhängig von der Einbeziehung in ein semantisches Netz Dinghaftes ist, dann scheint das unvereinbar zu sein mit dem Gedanken, die »Welt« sei etwas so kulturell Spezifisches wie die »einfachen und wesentlichen Entscheidungen im Geschick eines geschichtlichen Volkes« – und dies sind die Worte, mit denen Heidegger das Beispiel von einer durch die Präsenz eines Gottes im griechischen Tempel gegebenen Welt zu veranschaulichen versucht. Im Anschluß daran fährt er fort:

> Durch den Tempel west der Gott im Tempel an. Dieses Anwesen des Gottes ist in sich die Ausbreitung und Ausgrenzung des Bezirkes als eines heiligen. Der Tempel und sein Bezirk verschweben aber nicht in das Unbestimmte. Das Tempelwerk fügt erst und sammelt zugleich die Einheit jener Bahnen und Bezüge um sich, in denen Geburt und Tod, Unheil und Segen, Sieg und Schmach, Ausharren und Verfall – dem Menschenwesen die Gestalt seines Geschickes gewinnen.[46]

Offenbar soll die »Welt« räumlich gegliedert sein, und der Beschreibung zufolge hat sie eine integrative Dimension, durch die Dinge zusammengebracht werden. Legt man diese Prämisse zugrunde, sehe ich zwei Lösungen des Problems, in welchen Zusammenhängen »Welt«, »Erde« und »Sein« stehen könnten. Die erste Möglichkeit besteht darin, daß man versucht, Heideggers Bezugnahme auf Begriffe wie »Geschick« oder den griechischen »Gott« als Verweise auf integrative Dimensionen zu verstehen, die in kultureller und historischer Hinsicht weniger spezifisch sind, als man auf den ersten Blick vielleicht angenommen hätte. Es ist demnach nicht unmöglich, von verschiedenen »Geschicken« oder verschiedenen »Göttern« zu meinen, daß sie der Seite des Seins angehören (im Grunde ist es eine zumindest vom theologischen Standpunkt ganz konventionelle Vorstellung zu glauben, die »Götter« seien allen historisch spe-

46 Ebd.

zifischen Alltagswelten entzogen). Wenn man sich darüber hinaus bemüht, »Geschicke« und »Götter« nicht als individuelle »Dinge« im Rahmen des Seins, sondern als überwölbende, integrative Modalitäten innerhalb des Seins zu imaginieren, dann könnten solche Modalitäten die Dinge in einer Weise prägen, die nicht von historisch spezifischen Kulturen abhinge. Das hieße beispielsweise – und zwar stets auf der Seite des Seins –, daß Erde, Meer und Himmel jedesmal anders sind, wenn ihre Anwesenheit oder ihre Zugehörigkeit mit anderen Göttern oder anderen Geschicken verbunden ist. Diese spekulative Überlegung verdeutlich einen überaus wichtigen und häufig verkannten Aspekt des Heideggerschen Texts, nämlich den Gedanken, daß die Anschauung der Dinge als zugehörig zum Sein – d. h. unabhängig von den ihnen durch historisch spezifische Kulturen aufgepfropften Ausprägungen – nicht bedeutet, daß diese Dinge gar keine Form bzw. eine notwendig unveränderliche (»zeitlose«) Form haben. Wir sollten dann nicht annehmen, daß etwa das einem Bauern oder Philosophen im antiken Griechenland entborgene Sein das gleiche gewesen wäre wie das Sein, das uns zweieinhalb Jahrtausende später entborgen werden könnte. »Erde« könnte sich auf das Sein als Substanz beziehen und »Welt« auf die wechselnden Konfigurationen und Strukturen, denen das Sein als Substanz angehören kann. Aber diese Veränderungen der »Welt« stünden dann in keinem Zusammenhang mit jener Dimension, die wir normalerweise als »historischen« oder »kulturellen« Wandel bezeichnen.

Die zweite Lösung des Problems der Stellung der »Welt« ist etwas leichter zu erfassen und führt zur Ausschließung der »Welt« aus dem Bereich des Seins.[47] Dieser Interpretation zufolge meint Heidegger, das Sein entberge sich immer nur in der Form und in der Substanz (sowie gegen oder durch die Form und die Substanz) von Dingen, die spezifischen Kulturen angehören (»Seiendes« und »Welten« als Konfigurationen solcher Dinge). Denn im Gegensatz zu den platonischen Ideen soll das Sein nicht etwas Allgemeines oder etwas Metahistorisches »unter« oder »hinter« einer Welt der Oberflächen sein. Vielleicht genügt der folgende einfache Definitionsvorschlag: Das Sein ist

47 Seel, *Ästhetik des Erscheinens*, S. 31-33, entscheidet sich für diese zweite Interpretation.

nichts anderes als greifbare Dinge, die unabhängig von ihren kulturell spezifischen Situationen gesehen werden – was allerdings weder ohne weiteres gelingt noch besonders wahrscheinlich ist. Heidegger spürt ein Spannungsverhältnis, ja sogar einen Streit zwischen »Welt« (Konfigurationen von Dingen im Kontext spezifischer kultureller Situationen?) und »Erde« (Dinge, die unabhängig von ihren spezifischen kulturellen Situationen gesehen werden?). »Erde« oder Sein und »Welt« oder »Seiendes« gehören dieser Lesart zufolge untrennbar zusammen, aber um zur »Selbstbehauptung ihres Wesens« zu gelangen, müssen sie im Rahmen dieses Zusammenseins auseinandergehen: »Das Gegeneinander von Welt und Erde ist ein Streit. Allzuleicht verfälschen wir freilich das Wesen des Streites, indem wir sein Wesen mit der Zwietracht und dem Hader zusammenwerfen und ihn deshalb nur als Störung und Zerstörung kennen. Im wesenhaften Streit jedoch heben die Streitenden, das eine je das andere, in die Selbstbehauptung ihres Wesens.«[48]

Eines scheint jedoch unabhängig von unseren Interpretationen des Begriffs »Welt« sicher zu sein: Immer wenn eine spezifische kulturelle Situation verschwindet (»wenn der Gott aus dem Tempel flieht«), können die dieser Situation angehörigen Dinge nicht mehr der Ausgangspunkt für eine Entbergung des Seins sein, denn ihnen fehlt die »Welt« als integrative Dimension, die ihnen Lebenskraft zu geben scheint: »Der Tempel gibt in seinem Dastehen den Dingen erst ihr Gesicht und den Menschen erst die Aussicht auf sich selbst. Diese Sicht bleibt so lange offen, als das Werk ein Werk ist, so lange als der Gott nicht aus ihm geflohen.«[49]

Einerlei, wie provisorisch mein Bemühen um eine Entfaltung der Komplexitäten des Heideggerschen Seinsbegriffs bleiben mag, es kann kein Zweifel daran bestehen, daß es einen engen Zusammenhang gibt zwischen diesem Begriff und dem Begriff »Präsenz« (den ich am Anfang dieses Kapitels als Konvergenzpunkt zwischen verschiedenen heutigen Überlegungen zu bestimmen versucht habe, die über eine metaphysische Epistemologie und ein ausschließlich auf Sinn basierendes Verhältnis zur Welt hinauszugehen trachten). Beide Begriffe – Sein wie

48 Heidegger, »Der Ursprung des Kunstwerkes«, S. 34.

49 Ebd., S. 28.

Präsenz – implizieren Substanz; beide hängen mit Räumlichem zusammen; und beide lassen sich mit Bewegung in Verbindung bringen. Es mag sein, daß Heidegger die Dimension der »extremen Zeitlichkeit« nicht so herausgearbeitet hat, wie es einige heutige Denker zu leisten versuchen; aber die hier im Rahmen der Heideggerschen Konzeption tentativ so bezeichneten »Bewegungen« des Seins machen es unmöglich, das Sein als etwas Festes aufzufassen. Der wichtigste Konvergenzpunkt jedoch ist das Spannungsverhältnis zwischen dem Sinn (also dem, wodurch die Dinge zu etwas kulturell Spezifischem werden) einerseits und der Präsenz oder dem Sein andererseits. Freilich ist es nur bei der zweiten der hier vorgeschlagenen Lesarten von »Erde« und »Welt« so, daß diese beiden Begriffe annähernd der Vorstellung von einem Spannungsverhältnis zwischen »Präsenz« und »Sinn« entsprechen. Aber der Grund, weshalb ich mich durch Begriffe wie »Erde«, »Welt« oder »Sein« zu meinem eigenen Vorhaben ermuntern lasse, ist unabhängig von verschiedenen Interpretationen dieser Begriffe. Für mich maßgeblich ist die allgemeine Erfahrung, daß alle diese Begriffe – bei sämtlichen verschiedenen Interpretationen – einer glatten Einbeziehung in irgendeine metaphysische Weltsicht ein gewisses Maß an Widerstand entgegensetzen. Heideggers Begriffe stehen offenbar immer schon auf der Seite eines Aufbruchs in eine andere erkenntnistheoretische und ontologische Dimension.

4

Einer meiner Gründe für die Entscheidung, mich um eine Erkundung des Heideggerschen Seinsbegriffs zu bemühen, rührt von dem Eindruck her, daß es nicht mehr ausreicht, ständig festzustellen, wie überdrüssig wir in den Geisteswissenschaften eines analytischen Begriffsrepertoires sind, das uns nur zur Sinndimension Zugang verschaffen kann. Mit anderen Worten, es ist wieder an der Zeit, bestimmte diskursive Tabus zu brechen (sich die Hände schmutzig zu machen) und Begriffe zu entwickeln, mit denen man zumindest ansatzweise Präsenzphänomene erfassen (und zum Gegenstand von Experimenten machen) kann, statt daß man diesen Bereich schlicht umgehen muß. Wie im vorliegenden Buch schon mehrmals gesagt: Die eine Strategie, die uns hier vorwärtshelfen kann, ist die Zuflucht zu vor- oder nichtmetaphysischen Kulturen und Diskursen der Vergangenheit. Genau dies erklärt auch Heideggers Begeisterung für die Texte der Vorsokratiker.[50] Da es mir auf dem Gebiet der altgriechischen Kultur einfach an Sachkenntnis fehlt, habe ich mich in ähnlicher Weise durch die mittelalterliche Kultur und den Gegensatz zwischen der Kultur des Mittelalters und der Kultur der frühen Neuzeit anregen lassen. Auf diesen Stoff werde ich hier wieder zurückgreifen.

Was ich nun hauptsächlich auf der Basis dieses besonderen historischen Gegensatzes vorschlagen möchte, ist eine Reihe von (bisher noch nicht sonderlich verfeinerten) Begriffen, die uns vielleicht dabei helfen können, die exklusive Sonderstellung der Interpretation in den Geisteswissenschaften zu überwinden (oder uns zumindest eine geistige Situation auszumalen, in der die Interpretation nicht mehr Alleingeltung hätte). Da diese Begriffe alle von einer Kontrastbeschreibung der mittelalterlichen und der (früh-)neuzeitlichen Kultur hergenommen sind, sollte ich vielleicht hinzufügen, daß sie vor allem veranschaulichen sollen, was erforderlich ist, um sich eine von der eigenen grundverschiedene Kultur vorstellen zu können. Aus dieser Perspektive gesehen, wäre deren Andersheit nicht mehr eine historisch spezifische Andersheit. Diese tentativen Begriffe werde ich hier im Rahmen zweier Typologien vorlegen und präsentieren. Die erste dieser beiden Typologien empfiehlt eine Unterscheidung zwischen zwei Kulturformen, die in meiner Terminologie »Sinnkultur« und »Präsenzkultur« heißen (wobei die Sinnkultur natürlich der neuzeitlichen Kultur und die Präsenzkultur der mittelalterlichen Kultur nahesteht).[51] Da die Implikationen solcher Typologien, wie ich aus langer und mitunter enttäuschender Erfahrung weiß, häufig mit denen von Realitätsbeschreibungen verwechselt werden, möchte ich beto-

50 Siehe Glenn W. Most, »Heideggers Griechen«, in: *Merkur* 634 (2002), S. 113-123.

51 Eine frühere Fassung dieser Typologie findet sich in meinem Aufsatz »Ten Brief Reflections on Institutions and Re/Presentation«, in: Gert Melville (Hg.), *Institutionalität und Symbolisierung. Verstetigungen kultureller Ordnungsmuster in Vergangenheit und Gegenwart*, Köln 2001, S. 69-75.

nen, daß der Begriff »Sinnkultur« ebenso wie der Begriff »Präsenzkultur« als Idealtypen im Sinne der Tradition der Max Weberschen Soziologie aufgefaßt werden sollten. Natürlich glaube ich nicht, daß einer dieser Idealtypen je in seiner reinen – idealen – Form in Erscheinung getreten ist oder je konkrete Gestalt annehmen wird. Vielmehr nehme ich an, daß alle Kulturen als komplexe Konfigurationen analysiert werden können, deren Ebenen des Selbstbezugs Komponenten der Sinnkultur und solche der Präsenzkultur zusammenbringen (so wie man nach meiner These an allen kulturellen Gegenständen sowohl Sinn- als auch Präsenzeffekte ausfindig machen kann). Ja, das gesamte relevante begriffliche und deskriptive Material, das man fremden Kulturen entnehmen und einer solchen Typologie nutzbar machen kann, entstammt den Selbstbeschreibungsdiskursen dieser Kulturen. Aber trotz unserer Prämisse, daß alle Diskurse des kollektiven Selbstbezugs Elemente der Sinn- wie der Präsenzkultur enthalten, hat es Sinn anzunehmen, daß einige kulturelle Phänomene (wie z. B. die Sakramente der katholischen Kirche oder die Rationalität der modernen afro-brasilianischen Kulte) eher auf der Präsenzkultur-Seite stehen, während andere (beispielsweise das politische System im alten Rom oder die Bürokratie des frühneuzeitlichen spanischen Reichs) vorwiegend auf einer Sinnkultur beruhen. Vor allem sollte man nicht vergessen, daß diese knappe (und doppelte) Typologie die bloße Möglichkeit eines nicht ausschließlich hermeneutischen Repertoires von Begriffen der Kulturanalyse andeuten soll.

Erstens, in einer Sinnkultur ist der Geist der vorherrschende Gegenstand menschlichen Selbstbezugs (man könnte auch von Bewußtsein oder *res cogitans* sprechen), während in einer Präsenzkultur der Körper der dominante Gegenstand des Selbstbezugs ist. *Zweitens*, daß der Geist der hauptsächliche Gegenstand des Selbstbezugs ist, impliziert, daß sich die Menschen im Verhältnis zur Welt als exzentrisch begreifen, denn in einer Sinnkultur wird die Welt so aufgefaßt, als bestünde sie ausschließlich aus materiellen Gegenständen. Aus dieser Anschauung geht offensichtlich hervor, daß die Stelle des wichtigsten Gegenstands menschlichen Selbstbezugs in einer Sinnkultur von der »Subjektivität« oder dem »Subjekt« eingenommen wird, während die Menschen in einer Präsenzkultur meinen, ihr Körper gehöre zu einer Kosmologie (oder einer göttlichen Schöpfung). Da sehen sie sich nicht als exzentrisch im Verhältnis zur Welt, sondern als Bestandteile dieser Welt (in räumlicher und physischer Hinsicht sind sie wirklich in-der-Welt). In einer Präsenzkultur haben die Dinge der Welt nicht nur materielles Sein, sondern auch einen inhärenten Sinn (nicht bloß einen durch Interpretation vermittelten Sinn), und die Menschen halten ihren Körper für einen integralen Teil ihres Daseins (daher kommt es, daß man sich in den Gesellschaften des Spätmittelalters obsessiv mit dem Thema der leiblichen Wiederauferstehung der Toten beschäftigt hat). *Drittens*, Wissen kann in einer Sinnkultur nur dann legitimes Wissen sein, wenn es von einem Subjekt in einem Akt der Weltinterpretation produziert wurde (sowie unter den spezifischen Bedingungen dessen, was im vorigen Kapitel das »hermeneutische Feld« genannt wurde, also vermittels Durchdringung der »rein materiellen« Oberfläche der Welt, um darunter oder dahinter geistige Wahrheit ausfindig zu machen). Für eine Präsenzkultur ist legitimes Wissen im typischen Fall offenbartes Wissen. Es ist ein Wissen, das von Gott (bzw. den Göttern) offenbart wird oder durch verschiedene Arten von Ereignissen, die man als »Selbstentbergung der Welt« beschreiben könnte. Der Antrieb zu solchen Ereignissen der Selbstentbergung geht, wie schon gesagt, nie vom Subjekt aus. Wenn man an Offenbarung und Entbergung glaubt, geschehen sie einfach und können, was ihre Wirkungen anlangt, nie ungeschehen gemacht werden. Das »Wissen«, das aus Offenbarung und Entbergung hervorgeht, stellt sich allerdings nicht notwendig und nicht ausschließlich in der Form ein, die wir in einer vorherrschend sinnfundierten Kultur für die einzige ontologische Form halten, in der Wissen überhaupt vorkommen kann – und das heißt: Wissen ist nicht ausschließlich begrifflicher Art. Durch Reflexionen im Sinne des Heideggerschen Seinsbegriffs hätten wir uns zu der Vorstellung ermuntern lassen sollen, offenbartes oder entborgenes »Wissen« könne Substanz sein, die in Erscheinung tritt und sich uns (sogar mit ihrem inhärenten Sinn) präsentiert, ohne der Interpretation zu bedürfen, um in Sinn verwandelt zu werden.

Diese ersten drei Gegensätze zwischen Aspekten der Sinnkultur und Aspekten der Präsenzkultur lassen es *viertens* einleuchtend erscheinen, daß sie – explizit oder implizit – mit verschiedenen Zeichenbegriffen umgehen. Freilich, in einer Sinnkultur muß ein Zeichen genau die metaphysische Struktur haben, die nach der These von Ferdinand de Saussure ganz allgemein für das Zeichen gilt: Es sei die Verknüpfung eines rein materiellen Signifikanten mit einem rein geistigen Signifikat (»Sinn« oder »Bedeutung«). Nun ist es wichtig hinzuzufügen, daß der »rein materielle« Signifikant in einer Sinnkultur aufhört, ein Gegenstand der Aufmerksamkeit zu sein, sobald sein »zugrundeliegender« Sinn identifiziert ist. Eine (für uns) sehr viel weniger vertraute Form des Zeichens, das wir uns mit Hilfe des typologischen Gegensatzes zwischen Sinnkultur und Präsenzkultur besser vorstellen und verständlich machen können, ähnelt der bereits erklärten aristotelischen Zeichendefinition, wonach ein Zeichen eine Verknüpfung einer (Raum verlangenden) Substanz mit einer Form ist (die es der Substanz ermöglicht, wahrgenommen zu werden). Bei diesem Zeichenbegriff wird es vermieden, die beiden Seiten dessen, was im Zeichen zusammengebracht wird, im Sinne der fein säuberlichen Unterscheidung zwischen dem rein Geistigen und dem rein Materiellen zu deuten. Folglich hat dieser Zeichenbegriff keine Seite, die verschwinden wird, sobald der Sinn gegeben ist. Ohne die Reichweite des aristotelischen Zeichenbegriffs (»kulturell«) zu überdehnen, möchte ich hier meine Erinnerung an einen japanischen Reiseführer erwähnen, der mir zunächst nacheinander die genauen Bedeutungen der Bezeichnungen von verschiedenen Steinen nannte, die in einem berühmten Steingarten zu sehen waren, um dann hinzuzufügen: »Aber diese Steine sind auch deshalb schön, weil sie unserem Körper immer näher kommen, ohne uns je zu bedrängen.« Eine solche Welt – also eine Welt, in der Steine immer näher kommen können und in der die Wahrheit Substanz sein kann –, d.h. die Welt der Präsenzkultur, ist eine Welt, in der die Menschen *fünftens* in ein Verhältnis zur sie umgebenden Kosmologie treten wollen, indem sie sich, d.h. ihre Körper, in die Rhythmen dieser Kosmologie einschreiben. Der Wunsch, diese Rhythmen aus dem Gleis zu bringen oder zu verändern – und sogar die durch unbeabsichtigten Zufall herbeigeführte Veränderung der Rhythmen –, gilt in einer Präsenzkultur als Zeichen menschlichen Wankelmuts oder schlicht als Sünde. In einer Sinnkultur hingegen halten die Menschen die Umgestaltung (Verbesserung, Verschönerung usw.) der Welt tendenziell für ihre wichtigste Aufgabe. Die Vorstellung von einer durch menschliches Verhalten teilweise veränderten Welt nennen wir »Motivation«, und jedes auf die Verwirklichung einer solchen Vorstellung gerichtete Verhalten ist eine »Handlung«. Derartige Zukunftsvisionen und solche Versuche ihrer Verwirklichung erscheinen um so legitimer, je mehr sie auf von Menschen produziertes Wissen über die Welt beruhen. Was dem Handlungsbegriff der Sinnkultur in einer Präsenzkultur am nächsten käme, wäre der Begriff »Magie«, d. h. die Praxis des Präsentmachens abwesender Dinge und der Entfernung präsenter Dinge. Die Magie präsentiert sich jedoch nie so, als basierte sie auf von Menschen produziertem Wissen. Vielmehr verläßt sie sich auf (oftmals geheime oder offenbarte) Rezepte, deren Inhalt laut Offenbarung zu den unveränderlichen Bewegungen einer Kosmologie gehört, als deren Bestandteil sich auch die Menschen selbst sehen. Sofern der Körper in einer Präsenzkultur der wichtigste Gegenstand des Selbstbezugs ist, muß *sechstens* der Raum, also jene Dimension, die sich im Umkreis der Körper konstituiert, der ureigentliche Bereich sein, in dem das Verhältnis zwischen verschiedenen Menschen und das Verhältnis zwischen den Menschen und den Dingen dieser Welt ausgehandelt werden. Die Zeit hingegen ist die ureigentliche Dimension jeder Sinnkultur, denn zwischen Bewußtsein und Zeitlichkeit scheint eine unumgängliche Verbindung zu bestehen (man denke etwa an Husserls Begriff des »Bewußtseinsstroms«). Vor allem jedoch ist die Zeit deshalb die Urdimension jeder Sinnkultur, weil Zeit nötig ist, um jene Umgestaltungshandlungen durchzuführen, durch die Sinnkulturen das Verhältnis zwischen den Menschen und der Welt definieren. Wenn nun der Raum die maßgebliche Dimension ist, durch die in einer Präsenzkultur das Verhältnis zwischen Menschen, d. h. zwischen menschlichen Körpern konstituiert wird, dann kann *siebtens* dieses Verhältnis ständig in Gewalt umschlagen (was tendenziell tatsächlich geschieht), d. h. Körper okkupieren und blockieren Raum und behindern andere Körper. Je mehr das Selbstbild einer bestimmten Kultur der Typologie einer Sinnkultur entspricht, desto stärker wird sie versuchen, die Gewalt als letztes Machtpotential zu verbergen und sogar auszuschließen. Auf diesem Weg können wir den Umstand erklären, daß Historiker und Philosophen unserer Kultur in den letzten Jahrzehnten Machtverhältnisse mit Verhältnissen verwechselt haben, die durch die Verteilung von Wissen definiert sind. Aber die Bahnen, auf denen Wissen verteilt wird, werden nur so lange mit den Bahnen der Machtverhältnisse zusammenfallen, wie die Stabilität der Bahnen der Wissensverteilung letztlich auch in einer Sinnkultur vom Potential und der Gefahr physischer Gewalt gedeckt wird.

In einer Sinnkultur ist *achtens* der Begriff des Ereignisses unabtrennbar mit dem Wert von Innovationen und infolgedessen auch mit dem Effekt von Überraschungen verbunden. In einer Präsenzkultur hingegen ist das Äquivalent der Neuerung die – notwendig illegitime – Abweichung von den Regelmäßigkeiten einer Kosmologie und den in ihr enthaltenen Gesetzen menschlichen Betragens. Darum impliziert die Vorstellung von einer Präsenzkultur die Herausforderung, einen von Innovation und Überraschung losgelösten Ereignisbegriff zu denken. Ein solcher Begriff würde uns daran erinnern, daß sogar jene regelmäßigen Veränderungen und Transformationen, die wir tatsächlich prognostizieren und erwarten können, einen Augenblick der Diskontinuität beinhalten. Wir wissen zwar, daß das Orchester am Abend, kurz nach acht Uhr, eine Ouvertüre zu spielen beginnt, die wir schon oft gehört haben, und dennoch wird uns die den Augenblick der ersten erklingenden Töne kennzeichnende Diskontinuität »treffen« und einen Ereigniseffekt hervorrufen, der weder Überraschung noch Innovation beinhaltet. Das Beispiel des Bühnenereignisses führt uns *neuntens* zum Spielerischen und zur Fiktion als Begriffen, durch die Sinnkulturen Interaktionen charakterisieren, deren Akteure eine begrenzte oder gar keine Ahnung von den Motiven haben, die ihr Verhalten lenken. Dieses Fehlen von verhaltenssteuernden Motiven (bzw. die Unkenntnis solcher Motive) ist der Grund, weshalb in Situationen des Spiels oder der Fiktion Regeln – einerlei, ob vorgegebene Regeln oder solche, die im Spielverlauf ersonnen werden – an die Stelle der Motive der Beteiligten treten. Da Handlungen im Sinne des durch bewußte Motivation definierten menschlichen Verhaltens in Präsenzkulturen keinen Ort haben, ist es hier ausgeschlossen, ein Äquivalent der Begriffe des Spielerischen oder der Fiktion bzw. des Gegensatzes zwischen dem Spielerischen/Fiktiven und dem Ernst der Alltagsinteraktionen zu bilden.[52] Während die Sinnkultur über den internen Gegensatz zwischen dem Ernst der Alltagsinteraktionen und dem Spielerischen oder Fiktiven verfügt, müssen Präsenzkulturen sich – im Rahmen genau festgelegter Zeitgrenzen – selbst außer Kraft setzen, wenn sie eine Ausnahme von den kosmologisch fundierten Lebensrhythmen zulassen wollen. Das ist die Struktur, die von Wissenschaftlern, die durch Michail Bachtin angeregt wurden, in metonymischer Form als »Karneval« bezeichnet wird.[53] *Zehntens* könnte man, um diese ganz binäre Typologie mit einem gewissen Maß von Vorstellungskraft zu erfüllen, wieder darauf hinweisen, daß Parlamentsdebatten ein Ritual darstellen, das zu Sinnkulturen paßt, während das Abendmahl ein für Präsenzkulturen prototypisches Ritual ist. Parlamentsdebatten sind im Grunde ein Wettstreit zwischen verschiedenen individuellen Motiven, d. h. zwischen verschiedenen Vorstellungen von einer weit entfernten Zukunft, die individuelles und kollektives Verhalten in der unmittelbaren Zukunft steuern können. Parlamentsdebatten sind zwar bis zum heutigen Tag auf die physische Präsenz ihrer Teilnehmer angewiesen, doch sie inszenieren sich so, als würden sie ausschließlich durch die intellektuelle Qualität der konkurrierenden Ideen und Argumente entschieden. Das Abendmahl dagegen ist ein magisches Ritual, denn es macht den Leib Gottes als Hauptelement einer vergangenen Situation physisch präsent. (Wie schon im vorigen Kapitel erwähnt, wurde das Abendmahl erst durch die frühneuzeitliche Theologie des Protestantismus in einen Akt des Gedenkens verwandelt.) Aber welchen Sinn kann ein Ritual haben, das die Realpräsenz Gottes bewirkt, wenn diese Realpräsenz Gottes bereits eine allgemeine Rahmenbedingung des menschlichen Lebens ist? Die einzig mögliche Antwort lautet, daß die tagtägliche Feier des Abendmahls die Realpräsenz Gottes nicht nur bewahrt, sondern auch intensiviert. Der Begriff der Intensivierung hilft verstehen, daß es in Präsenzkulturen nicht ungewöhnlich ist, Sachverhalte zu quantifizieren, die in einer Sinnkultur nicht quantifizierbar sind. So werden in Präsenzkulturen beispielsweise

52 Siehe meinen Artikel »Fiktion/Nichtfiktion«, in: H. Brackert u. E. Lämmert (Hg.), *Funkkolleg Literatur*, Band 1, Frankfurt a. M. 1977, S. 188-209.

53 Siehe Michail Bachtin, *Rabelais und seine Welt. Volkskultur als Gegenkultur*, hg. von Renate Lachmann, Frankfurt a. M. 1987.

Gefühle quantifiziert oder Eindrücke von Nähe und Abwesenheit sowie Grade der Billigung und des Widerstands.[54]

Es gehört zu den in solchen Typologien angelegten Möglichkeiten, daß sie sich beinahe unbegrenzt fortsetzen und verfeinern lassen, und da die Anzahl der bisher festgehaltenen zehn Gegensätze offenbar zufällig genug wirkt, breche ich die binäre Typologie der »Präsenzkulturen« und der »Sinnkulturen« hier ab. Abschließen möchte ich dieses Kapitel, das sich mit verschiedenen Versuchen befaßt, ein nicht ausschließlich interpretatives Verhältnis zu Texten, kulturellen Objekten und der Welt insgesamt zu imaginieren, mit einer weiteren Typologie. Bei dieser zweiten Typologie geht es nicht darum, Vorstellungen von verschiedenen Kulturformen zu komplexifizieren, sondern in ihrem Brennpunkt stehen verschiedene Arten menschlicher Weltaneignung (wobei der Begriff »Welt« auch andere Menschen einschließt). Unsere zweite Typologie ist nicht binär strukturiert, sondern unterscheidet zwischen vier verschiedenen Arten der Weltaneignung. Zur Erklärung der Reihenfolge, in der ich diese vier verschiedenen Typen der Weltaneignung präsentiere, läßt sich sagen, daß sie von einer Form der Weltaneignung, die einem Idealtypus der Präsenzkultur entspräche, zum entgegengesetzten Extrem fortschreitet, also zur reinen Sinnkultur. Keinen Unterschied gibt es in der argumentativen Funktion der ersten und der zweiten Typologie. Meiner Darstellung der Begriffe »Präsenzkultur« und »Sinnkultur« entsprechend werde ich jetzt vier verschiedene Arten der Weltaneignung ebenfalls in der Hoffnung unterscheiden, es möge letzten Endes gelingen, anregende Bilder und Begriffe anzudeuten, die dazu beitragen könnten, nichtinterpretative Komponenten in unserem Verhältnis zur Welt zu erfassen.[55]

54 Der Hinweis auf genau diesen Punkt fehlt in meiner vor vielen Jahren geschriebenen Dissertation über die rhetorische Trope der Hyperbel in mittelalterlichen Texten (*Funktionswandel und Rezeption. Studien zur Hyperbolik in literarischen Texten des romanischen Mittelalters*, München 1972).

55 Der Inhalt der letzten Seiten dieses Kapitels wurde bereits in folgendem Text formuliert: »Four Ways to See (or Bite) a Body in a Text«, Internet-Diskussionsforum des Romanischen Seminars der CAU Kiel, hg. von J. Dünne, A. Arndt u. U. Rathmann, Impulstext Wintersemester 1998/99 (http://ikarus.pclab-phil.uni-kiel.de/romanist/IDF-FRAM.htm).

Das *Verzehren* der Dinge dieser Welt, das sowohl die Praktiken der Anthropophagie und Theophagie einschließt als auch das einst von Nietzsche imaginierte »Kauen« von Madame Bovary[56] oder das Essen des Leibs und das Trinken des Bluts Christi – alle diese Tätigkeiten gehören zu einer einleuchtenden und entscheidenden Form der Weltaneignung. Allerdings handelt es sich dabei um eine entscheidende Form der Weltaneignung, über die wir nicht gern reden und die wir ständig bemüht sind, an die Grenzen und vor allem in den Bereich jenseits der Grenzen unserer eigenen Sinnkultur zu projizieren. Der offenkundigste Grund für diese nicht nur theoretische Antipathie ist natürlich das Spannungsverhältnis zwischen unserer hauptsächlich sinnzentrierten Kultur und dem Verzehren der Welt als dem unmittelbarsten Verfahren der Einswerdung mit den Dingen dieser Welt in ihrer greifbaren Präsenz. Aber vielleicht gibt es noch einen weiteren Mechanismus, der diese Reaktion stört, und zwar einen Mechanismus, zu dem wir bei den übrigen drei Arten der Weltaneignung Gegenstücke finden werden. Denn bei jedem Typus der Weltaneignung erleben die Akteure der Weltaneignung die Angst davor, zu Objekten der gleichen Art von Aneignung zu werden. Das Verzehren der Welt wird dann bei Menschen, die ja ihrerseits körperlich zur Welt gehören, stets die Furcht auslösen, sie könnten auch selbst gefressen werden. Genau darum erklären die meisten menschlichen Gesellschaften das Verzehren von Menschenfleisch für tabu, sei's nun ein allgemeines Tabu oder ein Tabu, das den Verzehr des Fleischs von Angehörigen der eigenen Sippe verbietet.

Das *Eindringen* in Dinge und Körper – d. h. Körperkontakt und Sexualität, Aggression, Vernichtung[57] und Mord – konstituiert die zweite Art der Weltaneignung. Dabei ist das Verschmelzen von Körpern mit Körpern oder unbelebten Dingen stets flüchtig und schafft damit einen räumlichen Abstand für

56 Siehe meine Artikel »Wie sinnlich kann Geschmack (in der Literatur) sein? Über den historischen Ort von Marcel Prousts *Recherche*«, in: Volker Kapp (Hg.), *Marcel Proust. Geschmack und Neigung*, Tübingen 1989, S. 97-110, und »Eat Your Fragment!«, in: Glenn Most (Hg.), *Collecting Fragments / Fragmente sammeln*, Göttingen 1997, S. 315-327.

57 Historische Beispiele für dieses Verhalten findet der Leser in dem Kapitel über Bilderstürmerei in: Miguel Tamen, *Friends of Interpretable Objects*, S. 28-49.

das Verlangen und die Reflexion. Das ist nach meinem Dafürhalten der Kontext, der erklärt, warum Sexualität eine so ausgeprägte Todeskonnotation – den Gedanken an Unterwerfung eines anderen Körpers bzw. an Unterwerfung durch einen anderen Körper – zuläßt. Was den Todeswunsch anlangt, kann diese Konnotation daher rühren, daß man eine flüchtige Vereinigung verewigen will. Doch was die Todesfurcht betrifft, scheint auch sie durch Angst vor der Umkehrung ausgelöst zu werden. Furcht vor gewaltsamer Penetration kann den Alptraum der erlittenen Vergewaltigung hervorrufen. Es gibt eine Vielfalt kultureller Strukturen, um mit dieser Angst fertig zu werden. In manchen Kulturen versucht man, das Recht auf Penetration durch eine strenge Aufteilung und hierarchische Anordnung der sexuellen Rollen von der Gefahr des Penetriertwerdens zu trennen. Eine scheinbar sehr viel »zivilisiertere« oder – um einen Begriff aus einem längst vergilbten theoretischen Diskurs zu benutzen – viel stärker entfremdende Strategie zur Ablenkung dieser Angst ist natürlich die in unserer eigenen Kultur fast allgemein akzeptierte Gewohnheit, die Sexualität dermaßen zu vergeistigen, daß sie sich in wechselseitigen Selbstausdruck und Kommunikation verwandelt.

Ferner gibt es eine Form der Weltaneignung, bei der einerseits die Präsenz der Welt oder der anderen Person noch physisch empfunden wird, obwohl es andererseits keine Wahrnehmung eines realen Gegenstands gibt, der dieses Gefühl erklärte. Hier sprechen wir von *Mystik* oder *Mystizismus*. Im Rahmen dieser Typologie ist es interessant, daß unsere Kultur alle Formen von Mystik als Formen des spirituellen Lebens einstuft, so daß die doppelte Erfahrung, daß Zustände mystischer Verzükkung oft durch überaus ritualisierte Körperpraktiken ausgelöst werden und immer mit der Wahrnehmung einer physischen Wirkung einhergehen, zum Problem wird. Freilich, das Verlangen, dessen man sich in der Mystik zur Gänze bewußt sein darf, ist immer noch ein Verlangen nach dauerhaftem Besitz – nach Besitz der Dinge dieser Welt, der geliebten Person oder Gottes. Aber auch das Mystische kann in die Angst vor dem Besessenwerden umschlagen, und das bedeutet, da wir die Mystik mit einer zumindest rudimentär entwickelten Subjektrolle auf seiten ihrer praktizierenden Anhänger in Verbindung bringen können, daß sie mit der Angst zusammenhängt, für immer die Kontrolle über sich selbst zu verlieren. Diese spezielle Angst hat die meisten bekannten Mystiker dazu genötigt, sich ausführliche und komplizierte Gedanken über die Frage zu machen, welche Vorbeugungsmaßnahmen und Mechanismen die Möglichkeit der Rückkehr aus dem Zustand der mystischen Ergriffenheit gewährleisten könnten. Vielleicht interessanter und gewiß sehr viel radikaler ist die entgegengesetzte Strategie, durch die man sich für einen gewaltsamen Akt der Übermannung durch einen Gott öffnet. In diesem Fall, der in den meisten afro-brasilianischen Kulten bei den *pais do santo* (den »Vätern der Götter/Heiligen«) vorkommt, scheint es der in die volle Absicht und Strategie des Besessenwerdens verwandelte Wunsch nach Ergriffenheit zu sein, der die Furcht vor der Überwältigung ablenkt.

In dieser Typologie entsprechen *Interpretation* und *Kommunikation* als ausschließlich geistige Formen der Weltaneignung natürlich dem sinnkulturellen Pol. Jeder Versuch zu denken und zu zeigen, daß dies nicht die einzige Möglichkeit ist, auf die Dinge dieser Welt Bezug zu nehmen und sie sich anzueignen, ist ein potentieller Schritt in den Bereich jenseits der ausschließlich sinnbestimmten Dimension. Doch wenn es an diesem Punkt und in diesem Kontext immer noch ein Bedürfnis gäbe, die üblichen Implikationen der Interpretation und der Kommunikation zu beschwören oder gar zu beschreiben, hätte dieses Buch seinen Zweck verfehlt. Daher können wir uns unverzüglich der spezifischen Angst zuwenden, die durch die »totale Kommunikation« ausgelöst wird, wie man hier vielleicht sagen darf. Das ist natürlich die Angst davor, die innersten Gedanken und Gefühle könnten zugänglich sein: die Angst davor, man könne der interpretativen List von Eltern und Lehrern, von Ehegatten und Geheimdienstleuten zugänglich sein wie ein aufgeschlagenes Buch. Es gibt ein Ritual, das diese Angst ablenken soll und in seiner Grundstruktur genau der vorsätzlichen Offenheit des *pai do santo* gegenüber dem göttlichen Akt der Inbesitznahme entspricht. Das kommunikationskulturelle Gegenstück dieser rituellen Haltung sind Psychoanalyse und Psychotherapie. Könnte es nicht sein, daß es in der Psychoanalyse eigentlich nicht so sehr auf das Resultat des Durchschautwerdens, sondern darauf ankommt, die Furcht vor dem Durchschautwerden zu überwinden, indem man sich bewußt öffnet und sogar hübsche Geldsummen dafür bezahlt, daß geschieht, wovor man die größte Angst hat? Die komplementäre Strategie ist die Kunst des Simulierens, des Versteckens der innersten Gedanken und Gefühle hinter der Maske eines »Ausdrucks«, der gar nichts zum Ausdruck bringt.[58] Dies ist die Kunst, die, wie schon erwähnt, Machiavelli zu der Überzeugung brachte, König Fernando de Aragón, der Katholische, habe als erster die Gestalt des neuzeitlichen Politikers verkörpert. Die vollkommenste Art und Weise, sich hinter einer Maske zu verstecken, ist das absolute Stillschweigen. Und Schweigen steht in Zusammenhang mit der Stummheit der Dinge, die mit jener Stummheit präsent sind, die ihre Präsenz bewirkt. Andererseits gibt es kein Aufscheinen von Sinn, das nicht zu einer Verminderung des Gewichts der Präsenz führte.

58 Siehe meinen Artikel »Ausdruck« in: Karlheinz Barck, Martin Fontius, Dieter Schlenstedt, Burckhart Steinwachs u. Friedrich Wolfzettel (Hg.), *Ästhetische Grundbegriffe*, Band 1, Stuttgart 2000, S. 416-431.

Epiphanie / Präsentifikation / Deixis
Zukünfte für die Geisteswissenschaften

I

Nun wollen wir – ehe wir uns auf die Zukunft konzentrieren – einen Augenblick innehalten, um zu sehen, wie weit der bisher zurückgelegte Weg reicht. Denn genauso wie Moses, der nur einen Blick ins Gelobte Land werfen durfte, sind auch wir (einfach weil uns die richtigen Begriffe fehlen) außerstande, die theoretische Welt der postmetaphysischen Epistemologie zu betreten – und das erklärt, warum es wichtig ist, immerhin zu wissen, was wir im einzelnen hinter uns gelassen haben. Derrida hat recht: Die Überwindung der Metaphysik ist eine mühselige Angelegenheit. Das liegt allerdings weniger daran, daß es schwerfällt, eine bestimmte Vergangenheit zu vergessen, sondern eher daran, daß sowohl Vorstellungskraft als auch Ausdauer vonnöten sind, um die potentiellen Begriffe einer nichtmetaphysischen Zukunft in den Griff zu bekommen. Jedenfalls möchte ich mich nicht mit Derrida der sanften Paradoxie einer Situation hingeben, die wir nicht »beenden« wollen, obwohl sich ihr »Abschluß abzeichnet«, sondern ich möchte mir die von Paradoxien befreiende Einstellung derjenigen zu eigen machen, die mit »Futures« handeln, d. h. mit »Waren oder Effekten, die gemäß einer Vereinbarung über einen künftigen Liefertermin gekauft oder verkauft werden«,[1] und so verfahren, als wäre eine Vereinbarung über die Lieferung bereits unterschrieben.

Das vorliegende Kapitel handelt also von möglichen (aber noch nicht endgültig errungenen) theoretischen und institutionellen »Futures«, von möglichen künftigen Praktiken im Bereich jener geisteswissenschaftlichen Universitätsfächer, die man in den Vereinigten Staaten unter der Bezeichnung *»humanities and arts«* zusammenfaßt. Geschrieben wurde es aber natürlich auch eingedenk der (zumeist impliziten) Einsicht, daß die »Lieferung« der diesen »Futures« entsprechenden Güter

1 Lexikondefinition nach *American Heritage Dictionary of the English Language*, 4. Aufl. Boston 2000, s. v. »futures«.

noch nicht stattgefunden hat (oder eigentlich gar nicht stattfinden kann); und ehe hier der Versuch gemacht wird, einen mehr oder weniger umfassenden Überblick über das Gelobte Land zu geben, beginnt das Kapitel mit einem Rückblick.

Am Anfang dieses Buchs stehen akademische Erinnerungen an die späten 1970er und 1980er Jahre, die sich auf jene (heute sonderbar) »heroisch« wirkende Absicht beziehen, eine geisteswissenschaftliche »Theoriediskussion« am Leben zu erhalten, die anderthalb Jahrzehnte früher – in der Mitte oder gegen Ende der 1960er Jahre – begonnen hatte und schon vor einem Vierteljahrhundert im Sande zu verlaufen schien. Die sehr gute Absicht, diese »Theoriediskussion« am Leben zu erhalten, führte wie die meisten guten Absichten zu großer Langeweile und vielen Wiederholungen, aber sie eröffnete auch zumindest eine sogleich spannend erscheinende Aussicht, nämlich die Aussicht auf eine fokussierte Betrachtung der »Materialität der Kommunikation«. Indem wir herauszubekommen versuchten, wie man die »Materialität der Kommunikation« definieren könnte und welches die ihrer Analyse angemessensten Werkzeuge wären, sahen wir uns verpflichtet, die Geisteswissenschaften in ihrer damals existierenden (und auch heute noch vorherrschenden) Form als eine epistemologische Tradition zu begreifen, die uns seit über einem Jahrhundert von allem getrennt hatte, was sich nicht als Sinnkonfiguration beschreiben oder in eine Sinnkonfiguration transformieren ließ. Heute dürfen wir hinzufügen, daß es höchstwahrscheinlich das seinerzeit durch diesen – hermeneutisch induzierten – »Weltverlust« ausgelöste Trauma ist, das erklärt, warum der einzige Wert (oder jedenfalls der höchste Wert), den viele Geisteswissenschaftler an den von ihnen betrachteten Phänomenen erkennen können, auf das Motiv hinausläuft, einen weiteren theoretischen Looping der »Selbstreflexion« fliegen zu dürfen. Das ist wahrscheinlich auch der Grund, warum jede andere als eine »kritische« Einstellung zu den Dingen unserer Lebenswelten zumindest in den Augen des Durchschnittsgeisteswissenschaftlers wie eine Art Erbsünde wirkt.

Demgegenüber schien der nächste lohnende Schritt in dem Versuch zu bestehen, im Rahmen der Geisteswissenschaften eine Position zu begründen, die eine Ausnahme markieren könnte von ihrer jahrhundertealten Tradition als einer Institution, in der Hermeneutik und Selbstreflexion Gesetz sind, und die es verhüten könnte, die hier als »metaphysisch« bezeichnete Überlieferung weiterzuführen, so daß man loskäme von dem derzeit vorherrschenden Selbstverständnis der Geisteswissenschaften sowie von den auf diesem Selbstverständnis basierenden Verfahrensweisen. Sodann kam im vorigen (dem dritten) Kapitel dieses Buchs die folgende doppelte Erfahrung zum Ausdruck: Vor allem gibt es keine Möglichkeit, dem Ziel einer Verabschiedung (oder zumindest einer ernstzunehmenden Modifikation) der metaphysischen Tradition auch nur nahezukommen, ohne weiterzugehen und gegen mehrere Tabus zu verstoßen, von denen heute ebenso wie früher die Gefahr ausgeht, daß sie Grenzen des schlechten theoretischen Geschmacks bestimmen. Zweitens, auch nachdem diese Tabus außer Kraft gesetzt sind (und nachdem wir uns »die Hände schmutzig gemacht« haben), ist es nach wie vor ein recht mühseliges Unterfangen, sich ein begriffliches Terrain auszumalen und zu erobern, das die Bezeichnung »nichthermeneutisch« verdient.

Wie könnte nun die verheißene, auf einer neuen Epistemologie basierende Zukunft unserer Fächer aussehen? Natürlich sollte man sich darauf einstellen, daß alle Grenzen der geisteswissenschaftlichen Fächer in ihrer bisher bekannten Gestalt neu gezogen werden müssen. Doch da sich so viele Prognosen über mögliche neue Grenzziehungen in der Vergangenheit als (bisweilen peinlich) falsch erwiesen haben, und da sich mein Zukunftsinteresse nicht auf die Kartographie der Fächer, sondern auf die geistige Praxis bezieht, werde ich mich in diesem Kapitel auf eine ganz traditionelle Dreiteilung verlassen, die in vielen (wenn auch offensichtlich nicht in allen) geisteswissenschaftlichen Fächern seit langem und auch heute noch in Kraft ist. Gemeint ist die beruhigend unkomplizierte und weitgehend von selbst einleuchtende Dreiteilung dieser Fächer in »Ästhetik«, »Geschichte« und »Pädagogik«. Natürlich hat man nie angenommen, daß diese drei Gebiete der gleichen Praxis- und Abstraktionsebene angehören oder voneinander unabhängig sind – und diese doppelt negative Prämisse hat zu einer Unzahl von Vorschlägen angeregt, wie man ihr wechselseitiges Verhältnis überdenken könne. In meiner eigenen überaus zarten wissenschaftlichen Jugend habe ich mir (vermutlich ebenso wie viele andere deutsche Geisteswissenschaftler meiner Generation) vorgestellt, die historische Untersuchung kultureller Artefakte werde uns unweigerlich dabei helfen, ihren ästhetischen Wert zu würdigen und zu verstehen; dieser ästhetische Wert liege in der Fähigkeit, eine ethische Botschaft zu verkünden; und daher werde uns – hauptsächlich je nach den gelieferten ethischen Einsichten – der relative ästhetisch-ethische Wert der in der Lehre eingesetzten Texte oder Kunstwerke wirklich eine pädagogische Grundorientierung vorgeben.[2]

Mein Verständnis der Beziehung zwischen den Gebieten Ästhetik, Geschichte und Pädagogik hat sich ganz einschneidend verändert, und zwar nicht nur infolge der zunehmenden Bedeutung, die das Nachdenken über »Präsenz« für meine Arbeit gehabt hat, sondern auch infolge gravierender – auch von mir geteilter[3] – Zweifel sowohl an der Kommensurabilität ästhetischer Erfahrungen und ethischer Normen als auch an der möglichen Rolle ethischer Orientierungen im universitären Bildungsbereich generell. Vor allem würde ich heute darauf verzichten, diese Gebiete oder Teilgebiete in irgendeiner induktiven oder deduktiven Ordnung zu staffeln. Müßte ich einem von ihnen Vorrang einräumen (wozu aus meiner Sicht allerdings kein dringendes Bedürfnis besteht), würde ich mich wahrscheinlich für die Ästhetik entscheiden, und zwar wegen der besonderen epistemologischen Relevanz der durch sie ermöglichten Art von *Epiphanie* – ohne daß ich damit jedoch behaupten möchte, daß ausschließlich ästhetische Erfahrung eine derartige Epiphanie hervorbringen kann.[4] Was mich heute am

2 Siehe meinen Aufsatz »The Consequences of an Aesthetics of Reception. A Deferred Overture« (dt. 1975), in: Gumbrecht, *Making Sense in Life and Literature*, S. 14-29.

3 Siehe Karl Heinz Bohrer, »Die Negativität des Poetischen und das Positive der Institutionen« (Stanford Presidential Lecture 1998), in: *Merkur* 598 (1999), S. 1-14.

4 Hiermit reagiere ich auf eine Diskussion mit Ursula Link-Heer, die geltend macht, Heideggers epistemologisches Interesse an dem, was ich als ästhetisches Erleben bezeichne, müsse mit Notwendigkeit zu einer »Apotheose« von Literatur und Kunst führen. Meine doppelte Antwort lautet: a) Heidegger hat meines Wissens nie eine epistemologische Alleingeltung für das Kunstwerk beansprucht; b) selbst wenn er es getan hätte, müßte es möglich sein, Heideggers Begriffe zu benutzen, ohne ihm in dieser Hinsicht zu folgen.

Gebiet der Geschichte am meisten interessiert, nämlich die *Präsentifikation* vergangener Welten – also Verfahren, die den Eindruck (oder vielmehr die Illusion) hervorrufen, vergangene Welten könnten erneut greifbar werden –, ist eine Tätigkeit ohne jede Erklärungskraft bezüglich des relativen Werts verschiedener Formen ästhetischer Erfahrung (wobei ich von der Annahme ausgehe, daß solche Erklärungen dasjenige sind, was wir für die Funktion der historischen Erkenntnis im Verhältnis zur Ästhetik zu halten pflegten). Doch da das neue Konzept des Gebiets der Geschichte mit dem Bereich der Ästhetik die markante Präsenzkomponente teilt und da es außerdem keine unmittelbar ethische oder gar »politische« Orientierung anzubieten beansprucht, wird das Programm der Präsentifikation anfällig für den herkömmlichen Vorwurf, es fördere eine »Ästhetisierung der Geschichte«. Mein erstes Verteidigungsmanöver wäre schlicht die Rückfrage, was denn überhaupt so verkehrt sein könne an einer derartigen Ästhetisierung der Geschichte. Was schließlich das Gebiet der didaktischen Vermittlung betrifft, bin ich in den letzten Jahren zu der Überzeugung gelangt, daß weder die ästhetische noch die historische Erfahrung über ein Potential verfügt, das auf der individuellen oder der kollektiven Ebene maßgebliche Orientierungshinweise für das Verhalten und Handeln liefert (zumindest gilt das für meine Auffassung der ästhetischen und der historischen Erfahrung). Außerdem bin ich im Zweifel darüber, ob die Angabe solcher Orientierungen – jedenfalls auf Universitätsebene – wirklich eine Aufgabe unserer Lehre sein sollte, selbst wenn diese Möglichkeit ohne weiteres zu Gebote stünde. Vielmehr bin ich davon überzeugt, daß wir heute in erster Linie die Aufgabe haben, die Studenten mit geistiger Komplexität zu konfrontieren; und das bedeutet, daß *deiktische Gesten* – also Hinweise auf gelegentliche Kondensate derartiger Komplexität – das sind, worauf wir wirklich unser Augenmerk richten sollten.

Epiphanie, *Präsentifikation* und *Deixis* wären demnach die drei tentativen Begriffe, in deren Rahmen ich meine Prognosen, Vorstellungen und Wünsche bezüglich künftiger Formen der geisteswissenschaftlichen Praxis zusammenzubringen versuche. In diesem Kontext möchte ich es erreichen, daß die Komponente »Kunstwissenschaft« eine sehr viel bedeutendere Rolle spielt als die eines traditionellen Bestandteils der Bezeichnung einer Gruppe von wissenschaftlichen Fächern. Ich glaube nämlich, daß die folgenden drei Schritte: stärkere Akzentuierung des Präsenzelements in der ästhetischen Erfahrung, potentielle Ästhetisierung der Geschichte und die vorgeschlagene Befreiung unserer Lehre von der Verpflichtung zu ethischer Orientierung in ihrem Zusammenwirken dazu imstande sind, wieder ein verstärktes Bewußtsein davon zu erzeugen, wie nahe manche unserer wissenschaftlichen Aktivitäten der wirklichen künstlerischen Praxis kommen können. Nun muß ich allerdings einräumen, daß ich selbst nicht dazu in der Lage bin, diese potentielle Nähe zwischen den Geisteswissenschaften und den Künsten in meinem eigenen Leben zu exemplifizieren. Das gelingt mir weder im Rahmen meiner wissenschaftlichen Alltagstätigkeiten noch durch die folgenden detaillierteren Beispiele dafür, wie ich mir die künftige Entwicklung der Gebiete Ästhetik, Geschichte und Pädagogik vorstelle. Aber dennoch wird es mir hoffentlich gelingen, den Anspruch auf die neue Nähe zwischen Geisteswissenschaft und Kunst wachzuhalten. Schließlich sollte ich auch ankündigen, daß die drei Teile dieses Kapitels nicht gleich lang sein werden. Die detaillierteste begriffliche Darstellung wird der ästhetischen Dimension gewidmet sein. Das liegt daran, daß der Teil über Ästhetik bestimmte Argumente enthalten wird, die zu meinen Vorstellungen von Historisierung und Lehre vielleicht in einem Fundierungsverhältnis stehen. Aber es wird auch schlicht daran liegen, daß ich hier zum erstenmal eine gedruckte Fassung meiner ästhetischen Gedanken vorzulegen versuche, während ich entsprechende Texte über die Gebiete Geschichte und Pädagogik schon veröffentlicht habe.[5]

5 Was die Historisierung betrifft, verweise ich auf mein Buch *1926. Ein Jahr am Rand der Zeit*. Zur Pädagogik siehe meinen Artikel »Live Your Experience and Be Untimely! What ›Classical Philology as a Profession‹ Could (Have) Become«, in: Glenn W. Most (Hg.), *Disciplining Classics / Altertumswissenschaft als Beruf*, Göttingen 2002, S. 253-269; eine revidierte Fassung dieses Texts ist das Schlußkapitel meines Buchs *Die Macht der Philologie*, übers. von J. Schulte, Frankfurt a. M. 2003.

Als ich vor wenigen Jahren aufgefordert wurde, zusammen mit einem jungen Kollegen vom musikwissenschaftlichen Institut der Universität Stanford die für etwa zweihundert Studienanfänger gedachte Pflichtveranstaltung »Einleitung in die Geisteswissenschaften« zu übernehmen, gab es – nachdem wir zunächst die allgemeine Thematik beschlossen und uns vorgenommen hatten, unsere prospektiven Studenten mit verschiedenen Arten *ästhetischen Erlebens* bekannt zu machen[6] – im Hinblick auf drei Implikationen von Anfang an keine Meinungsverschiedenheiten zwischen uns. Erstens wollten wir lediglich auf verschiedene Formen der Freude an schönen Dingen hinweisen, ohne unseren Studenten das ästhetische Erleben zur Pflicht zu machen. (Mit anderen Worten, wir wollten ihnen eine Gelegenheit geben herauszufinden, ob sie auf das Potential für ästhetische Erfahrungen positiv reagieren würden. Wenn ja, wollten wir sie entdecken lassen, welche Formen ästhetischer Erfahrung ihnen lieber waren.) Zweitens wollten wir keinen Versuch machen, Argumente für die ästhetische Erfahrung durch Bezugnahme auf Werte zu untermauern, die über das intrinsische Intensitätsgefühl hinausgingen, das von einer solchen Erfahrung ausgelöst werden kann. Drittens wollten wir den Bereich potentieller Gegenstände des ästhetischen Erlebens erweitern, indem wir die kanonischen Grenzen ihrer traditionellen Formen (wie z. B. »Literatur«, »klassische Musik«, »avantgardistische Malerei« usw.) überschritten. Dieses Vorgehen wurde von der Überzeugung getragen, daß das Gebiet, auf dem wirklich ästhetische Erfahrungen gemacht werden, heute sehr viel weiter gefaßt werden muß als der vom Begriff »ästhetische Erfahrung« abgedeckte Bereich.

Mein *erstes* persönliches Anliegen bezüglich dieser Lehrver-

6 Der Titel der Veranstaltung, die wir schließlich (zweimal) durchführten – und zwar jeweils im Herbstquartal der Studienjahre 2000/01 und 2001/02 –, lautete »Things of Beauty«, und die besprochenen Paradebeispiele für ästhetische Erfahrung waren: Mozarts *Don Giovanni*, die Glas- und Stahlarchitektur des Londoner Kristallpalasts, García Lorcas Gedichtsammlung *Poeta en Nueva York*, athletische Schönheit (exemplifiziert durch Filmmaterial über die Olympischen Spiele 1936) sowie Gemälde von Jackson Pollock und Edward Hopper.

anstaltung war es, ein hinreichend guter Lehrer zu sein, um für meine Studenten *Momente der Intensität* zu beschwören und spürbar zu machen – Momente, an die ich gern und zumeist mit Wehmut zurückdenke, auch wenn die Intensität im Augenblick des Geschehens etwas Schmerzliches hatte. So wollte ich es beispielsweise erreichen, daß meine Studenten eine Ahnung hätten von dem nachgerade exzessiven, überschwenglich lieblichen Wonnegefühl, das mich manchmal überkommt, wenn eine Mozartarie in polyphone Komplexität übergeht und ich tatsächlich glaube, die Oboe mit meiner Haut zu hören. Ich möchte es erreichen, daß die Studenten jenen Moment der Bewunderung (und vielleicht auch der Verzweiflung des alternden Mannes) durchleben oder wenigstens imaginieren, der mich ergreift, wenn ich den schönen Körper einer jungen Frau sehe, die neben mir vor einem jener Computer steht, die Zugang zu unserem Bibliothekskatalog verschaffen. Übrigens ist dieser Moment nicht sonderlich verschieden von der Freude, die ich empfinde, wenn der Quarterback meiner Football-Lieblingsmannschaft (natürlich Stanford Cardinal) seine vollkommen geformten Arme ausstreckt, um einen Touchdown-Paß zu zelebrieren. Natürlich möchte ich es auch erreichen, daß alle meine Studenten das Hochgefühl, das plötzlich ganz tiefe Durchatmen und die peinlich feuchten Augen spüren, mit denen ich auf diesen herrlich ausgeführten Paß ebenso reagiert haben muß wie auf die rasche Bewegung des weit entfernten Spielers, der den Ball fing. Ich hoffe, daß einige der Studenten jenes Gefühl der tiefen Niedergeschlagenheit und vielleicht sogar der Erniedrigung durchleiden werden, das mir durch meine Lektüre des Gedichts »Pequeño vals vienés« vertraut ist. Dies ist mein Lieblingsgedicht aus Federico García Lorcas *Poeta en Nueva York*, ein Text, der dem Leser anschaulich macht, in welchem Maße das Leben eines homosexuellen Mannes in den westlichen Gesellschaften um 1930 emotional und sogar physisch verstümmelt war. Meine Studenten sollten zumindest eine Ahnung haben von jener Illusion, die mir vorgaukelt, ich (ausgerechnet ich!) sei ein mit todbringender Macht und Gewalt daherkommender griechischer Gott, und die meinen Körper im Moment der *estocada final* eines spanischen Stierkampfs durchdringt, wenn der Degen des Stierkämpfers geräuschlos in den Körper des Stiers eindringt und die Muskeln des Tiers einen Augenblick lang zu erstarren scheinen, ehe sein gewaltiger Leib wie ein vom Erdbeben erschüttertes Haus zusammenbricht. Ich möchte, daß meine Studenten jene Verheißung von einer endlosen und für immer stillen Welt mitempfinden, die mich mitunter zu umgeben scheint, wenn ich versunken vor einem Gemälde von Edward Hopper stehe. Ich hoffe, sie machen die Erfahrung jener Explosion von Geschmacksnuancen, die mit dem ersten Bissen eines köstlichen Gerichts einhergeht. Und ich möchte, daß sie das Gefühl der Entdeckung des richtigen Orts für den eigenen Körper kennenlernen, mit dem uns ein perfekt entworfenes Gebäude umfangen und willkommen heißen kann.

An solchen Momenten ist nichts Erbauliches, keine Botschaft, nichts, was man wirklich aus ihnen lernen könnte – und eben darum nenne ich sie gern »Momente der Intensität«. Denn was wir spüren, ist wahrscheinlich nichts weiter als ein besonders hoher Grad des Funktionierens eines unserer allgemeinen kognitiven, emotionalen und vielleicht sogar physischen Vermögen. Der Unterschied, den diese Momente ausmachen, scheint auf etwas Quantitativem zu beruhen. Und es gefällt mir, den quantitativen Begriff »Intensität« mit dem in dem Wort »Momente« enthaltenen Bedeutungselement zeitlicher Fragmentierung zu verbinden, denn aufgrund zahlreicher und zumeist enttäuschender Momente des Verlusts und der Trennung weiß ich, daß es keine zuverlässige, keine verbürgte Möglichkeit gibt, Momente der Intensität hervorzurufen, und daß erst recht keine Hoffnung besteht, an ihnen festhalten oder ihre Dauer verlängern zu können. Ehe ich meine Lieblingsarie von Mozart höre, kann ich gar nicht sicher sein, ob jenes überschwenglich liebliche Wonnegefühl wieder meinen Körper erfassen wird. Vielleicht wird es geschehen, aber ich weiß – und erahne bereits mein Bedauern über diese Erfahrung –, daß es nur für einen Augenblick anhalten wird (sofern es überhaupt eintritt).

* * *

Doch wie ist es möglich, daß wir uns nach solchen Momenten der Intensität sehnen, obwohl sie keine erbaulichen Inhalte oder Effekte zu bieten haben? Warum erinnern wir uns ihrer manchmal als glücklicher und manchmal als trauriger Momente – doch stets mit dem Gefühl des Verlusts oder der Wehmut? Dies ist die *zweite* Frage, mit der ich mich beschäftigen möchte, nämlich die Frage nach dem *von solchen Momenten ausgehenden besonderen Reiz*, die Frage nach den Gründen, die uns dazu motivieren, nach ästhetischer Erfahrung zu streben und unseren Körper und unseren Geist der potentiellen Quelle solcher Erfahrung auszusetzen. Ohne bisher ins Detail gehen zu wollen, besagt meine Anfangshypothese, daß das, was wir »ästhetische Erfahrung« nennen, uns immer mit bestimmten Gefühlen der Intensität versorgt, die wir in den von uns bewohnten historisch und kulturell spezifischen Alltagswelten nicht finden können. Darum erkennt man aus historischer oder soziologischer Perspektive, daß die ästhetische Erfahrung wirklich als ein Symptom von vorbewußten Bedürfnissen und Wünschen fungieren kann, die bestimmten Gesellschaften eigen sind.[7] Allerdings möchte ich die motivationale Kraft solcher Wünsche, die uns in Situationen ästhetischer Erfahrung hineinziehen kann, nicht gleichsetzen mit der Interpretation und dem Verstehen dieser motivationalen Kraft als einer auf vorbewußten Wünschen basierenden Kraft. Mit anderen Worten, ich glaube nicht, daß solche Interpretationen und der aus ihnen möglicherweise folgende höhere Grad an Selbstreflexion zur ästhetischen Erfahrung hinzugerechnet werden sollten. Aus demselben Grund spreche ich möglichst oft lieber von »Momenten der Intensität« oder von »ästhetischem Erleben«, anstatt den Ausdruck »ästhetische Erfahrung« zu gebrauchen, denn die meisten philosophischen Traditionen bringen den Begriff »Erfahrung« mit der Interpretation in Verbindung, also mit Akten der Sinnzuschreibung. Wenn ich hingegen den Begriff »Erleben« gebrauche, meine ich ihn im strengen Sinn der phänomenologischen Tradition, also im Sinn der fokussierten Betrachtung oder Thematisierung bestimmter Gegenstände des Erlebens. (Damit sind Gegenstände gemeint, von denen – wenn man sie als »ästhetische« bezeichnet – unter unseren eigenen kulturellen Be-

7 Dies war die Hauptthese von Franz Koppes Buch *Sprache und Bedürfnis. Zur sprachphilosophischen Grundlage der Geisteswissenschaften*, Stuttgart 1977. Nicht einig gehe ich hingegen mit Koppes Empfehlung, die Bewußtmachung kollektiver Bedürfnissituationen als wichtigste und authentische Funktion der ästhetischen Erfahrung zu betrachten. (Übrigens spricht Koppe von einer »*Vergegenwärtigung* von Bedürfnissituationen«, aber er versteht das Wort »Vergegenwärtigung« nicht in jenem Sinn, den ich dem Wort »Präsentifikation« zu geben versuche.)

dingungen spezifische Intensitätsgrade ausgehen können.) Das Erleben setzt voraus, daß einerseits eine rein physische Wahrnehmung bereits stattgefunden hat und daß, andererseits, eine aus Akten der Weltinterpretation resultierende Erfahrung darauf folgen wird.

Sofern nun das, was uns an Momenten des ästhetischen Erlebens[8] fasziniert und anzieht, ohne mit einem klaren Bewußtsein von den Gründen für diesen Reiz einherzugehen, stets etwas ist, was unsere Alltagswelten nicht zu geben vermögen, und sofern wir ferner voraussetzen, daß unsere Alltagswelten etwas in historischer und kultureller Hinsicht Spezifisches sind, folgt daraus, daß auch die Gegenstände des ästhetischen Erlebens etwas kulturell Spezifisches sein müssen. Was die andere Seite der Situation betrifft, deren Strukturen ich zu beschreiben versuche, ist mir nicht klar, ob man auch bei den Lesern, Zuschauern und Zuhörern, die sich von diesen historisch spezifischen Objekten ästhetischen Erlebens angezogen fühlen, eine entsprechende historische Ausprägung der Formen ästhetischen Erlebens voraussetzen muß. Allerdings glaube ich nicht, daß es absolut notwendig ist, diese anspruchsvolle Frage zu beantworten, solange uns das ästhetische Erleben im Kontext des Versuchs beschäftigt, künftige theoretische Verfahren für die Geisteswissenschaften zu imaginieren. Denn falls solche Formen des Reagierens und Rezipierens überhaupt irgendwelche tiefgreifenden Veränderungen durchmachen, muß die Geschwindigkeit solcher Transformationen nach meinem Eindruck sehr viel geringer sein als das Tempo, mit dem sich die Objekte ästhetischen Erlebens wandeln. Außerdem impliziert das bisher Gesagte: Es wird nicht so sein und ist vielleicht auch nicht unbedingt nötig, daß wir unsere Analyse des ästhetischen Erlebens auf die Seite des Rezipienten und seine eventuellen psychischen (sowie vielleicht auch physischen) Investitionen beschränken. Denn anscheinend ist es so, daß diese Investitionen und ihr Ertrag zumindest teilweise von den reizvollen Objekten abhängen, von denen man überhaupt erst zum Investieren angeregt wird. Das ist einer der Gründe, weshalb es im Hinblick auf eine allgemeine Beschreibung des ästhetischen Er-

8 Von nun an spreche ich nicht mehr von »ästhetischer Erfahrung«, sondern nur noch von »ästhetischem Erleben«.

lebens eine Rolle spielt, daß man sich mit diesen Objekten befaßt, obwohl sie durch das vergleichsweise schnelle Tempo ihrer historischen Umgestaltung vielleicht immun werden gegen die Integration in eine allgemeine Theorie.

* * *

Wenn ästhetisches Erleben immer von Momenten der Intensität evoziert wird, die nicht zu den jeweiligen Alltagswelten, in denen es vorkommt, gehören können, und wenn es sich stets auf solche Momente bezieht, dann folgt daraus, daß das ästhetische Erleben seinen Ort notwendig in einer gewissen Entfernung von diesen Alltagswelten haben wird. Durch diese ganz einleuchtende Konklusion gelangen wir zu einer *dritten* Schicht der Analyse des ästhetischen Erlebens, nämlich zu dem *Situationsrahmen, in dem es typischerweise vorkommt.* Als Hauptmerkmal dieses Situationsrahmens ist die Entfernung zwischen ästhetischem Erleben und Alltagswelten ein möglicher Bezugspunkt für die Erklärung der doppelten Isolation, die allen Momenten ästhetischer Intensität innewohnt, wobei es sich um jene doppelte Isolation handelt, die Karl Heinz Bohrer mit Hilfe der Begriffe »Plötzlichkeit« und »Abschied« so eindringlich beschrieben hat. Andererseits gibt es kein systematisches, kein pädagogisch verbürgtes Verfahren, um Studenten (oder sonstige Opfer guter pädagogischer Absichten) »hin zum« ästhetischen Erleben zu führen. Andererseits gibt es keinen vorhersagbaren, offenkundigen oder typischen Ertrag, den das ästhetische Erleben unserem Leben in den Alltagswelten hinzufügen kann. Zur allgemeinen Beschreibung dieser Situationsgegebenheit möchte ich den Begriff »Insularität« verwenden, den Michail Bachtin im Zuge seiner Analyse der Kultur des Karnevals entfaltet. »Insularität« scheint nämlich weniger historisch spezifische Konnotationen zu tragen als der Begriff »ästhetische Autonomie«, bei dem die Entfernung vom Alltäglichen bereits als Gewinn an subjektiver Unabhängigkeit interpretiert ist. Daher schlage ich vor, die Bezeichnung »ästhetische Autonomie« für jene spezifischen Formen zu reservieren, die der allgemeine strukturelle Zustand der »Insularität« im achtzehnten und neunzehnten Jahrhundert ausgebildet hat. Das setzt natürlich voraus, daß es die Insularität des ästhetischen Erlebens schon lange vor dem achtzehnten Jahrhundert gegeben hat und daß sie auch außerhalb der abendländischen Kultur einen Ort hat.

Die wichtigste Konsequenz, die sich aus der Insularität des ästhetischen Erlebens ergibt, ist die Inkommensurabilität zwischen dem ästhetischen Erleben und der institutionellen Propagierung ethischer Normen – und auch dies scheint eine zentrale Fragestellung von Bohrers Reflexionen über »ästhetische Negativität« zu sein.[9] Denn ethische Normen gehören – wie es auch sein sollte – zu historisch spezifischen Alltagswelten, während das (im buchstäblichen Sinne des Wortes) Faszinierende am ästhetischen Erleben nach unserer Festsetzung daher rührt, daß es Momente der Intensität bietet, die nicht zu spezifischen Alltagswelten gehören können. Daher hat es Sinn zu behaupten, daß die Verbindung von Ästhetik und Ethik, also die Projektion ethischer Normen auf die potentiellen Gegenstände ästhetischen Erlebens, zur Erosion der potentiellen Intensität dieses Erlebens führt. Mit anderen Worten, die Adaptation der ästhetischen Intensität für ethische Erfordernisse läuft auf eine Normalisierung und letzten Endes auf eine Verwässerung hinaus. Wenn die Mitteilung oder Exemplifizierung einer ethischen Botschaft die Hauptfunktion eines Kunstwerks sein soll, müssen wir die – wirklich nicht eliminierbare – Frage stellen, ob es nicht wirksamer wäre, die gleiche ethische Botschaft mit Hilfe unverblümter und expliziter Begriffe und Formen zu artikulieren.

* * *

Meine *vierte* Überlegung bezieht sich auf eine *spezifische Einstellung*, die nach meiner Überzeugung ganz regelmäßig mit der strukturellen Gegebenheit der »Insularität« einhergeht. Es gibt zwei Hauptwege, auf denen man in Situationen der Insularität eintreten kann. Der sozusagen dramatischere Zugang ist die Modalität der Verstrickung durch »auferlegte Relevanz«.[10] In diesem Fall lenkt das plötzliche Erscheinen bestimmter Objekte der Wahrnehmung unsere Aufmerksamkeit von routine-

9 Siehe Bohrer, »Negativität des Poetischen und das Positive der Institutionen«. Bohrer hat die ethischen Normen allerdings nie völlig vom ästhetischen Erleben getrennt, vgl. seinen Artikel »Das Ethische am Ästhetischen«, in: *Merkur* 620 (2000), S. 1149-1162.

10 Diesen Begriff übernehme ich von Alfred Schütz u. Thomas Luckmann, *Strukturen der Lebenswelt*, Neuwied 1975, S. 190-193.

mäßigen Alltagsbeschäftigungen ab und trennt uns sogar eine Zeitlang von ihnen. Die in ein Ereignis verwandelte Natur erfüllt recht häufig diese Funktion. Man denke etwa an Blitze, vor allem den ersten Blitz eines Sturms, oder an das aggressive Sonnenlicht, das den aus Mitteleuropa kommenden Reisenden nachgerade blendet, wenn er auf seinem kalifornischen Zielflughafen landet. Das Gedicht »À une passante« von Charles Baudelaire ist eine literarische Inszenierung der auferlegten Relevanz eines weiblichen Körpers, der die Aufmerksamkeit des müßigen Flaneurs auf sich zieht und beinahe überrumpelt. Diese Ereignishaftigkeit ist gewiß etwas anderes als die Seminarsituation, in der man das Auftauchen einer ästhetischen Erscheinung zu fördern versucht, obwohl man sich völlig darüber im klaren ist, daß keine pädagogische Mühe je das Eintreten des wirklichen Erlebnisses gewährleistet. Aber man kann auf die Präsenz bestimmter Gegenstände zeigen und die Studenten zur Gelassenheit auffordern,[11] d. h. zur Offenheit bei gleichzeitiger Konzentration, ohne daß sich diese Konzentration zur mühseligen Anstrengung verhärtet.

Die beste mir bekannte Beschreibung des Moments, in dem sich die auf das Eintreten des ästhetischen Erlebens vorbereitende gelassene Einstellung in wirkliches ästhetisches Erleben verwandelt, stammt von einem Sportler. Ich meine die Antwort, die der Schwimmer und Goldmedaillengewinner Pablo Morales auf die Frage gab, warum er, nachdem er sich aus dem Wettkampfsport zurückgezogen hatte, zurückgekehrt sei und sich nochmals für die Olympischen Spiele qualifiziert habe, um eine weitere Goldmedaille zu gewinnen. Ohne zu zögern erwiderte Morales, er habe diese erstaunliche Leistung erbracht, weil er nicht loskomme von dem Gefühl der »Versunkenheit in fokussierte Intensität«.[12] Seine Wahl des Worts »Intensität« be-

11 Die Anspielung auf Heideggers Begriff der Gelassenheit ist Absicht. Die Gelassenheit wird hier als eine Einstellung genannt, die das Eintreten des ästhetischen Erlebens als eines Moments der Intensität anbahnen kann. Auf den Begriff der Gelassenheit komme ich zurück, sobald ich die möglichen Wirkungen des ästhetischen Erlebens auf unsere Psyche zu beschreiben versuche.

12 Siehe Hans Ulrich Gumbrecht, Ted Leland, Rick Schavone u. Jeffrey Schnapp, »The Athlete's Body Lost and Found«, Vorwort zu: *The Athlete's Body, Stanford Humanities Review* 6.2 (1998), S. VII-XII.

stätigt die These, daß der Unterschied, den das ästhetische Erleben ausmacht, vor allem ein quantitativer Unterschied ist: Extreme Herausforderungen spornen zu geistigen und körperlichen Höchstleistungen an. Daß Morales »versinken« möchte, entspricht dem strukturellen Element der Insularität, mithin dem Element der Abstandnahme von der Alltagswelt, das zur Situation des ästhetischen Erlebens gehört. Schließlich nennt Morales die ihn anziehende Intensität »fokussiert«, was offenbar darauf hindeutet, daß die Einstellung der gelassenen Offenheit die Kraft verleihende Präsenz eines Gegenstands künftigen Erlebens vorwegnimmt. Nun bezieht sich die von Morales angesprochene Herausforderung auf die Teilnahme an einem sportlichen Wettkampf auf Weltklasseniveau. Da kann es sein, daß mancher Leser Vorbehalte hat hinsichtlich der Subsumierung solcher Wettkampfsituationen unter einen Begriff von »ästhetischem Erleben«. Aber selbst in diesem Fall stellt sich nach wie vor die Frage, welche identifizierbaren allgemeinen Merkmale an diesen Objekten des – sei's ästhetischen oder nicht ästhetischen – Erlebens uns anziehen und in den Zustand der Versunkenheit in fokussierte Intensität versetzen.

* * *

Genau hierauf bezieht sich meine *fünfte* Frage, deren Relevanz vielleicht am ehesten einleuchtet und die in diesem Zusammenhang ausschlaggebend ist: *Was fasziniert uns an den Objekten des ästhetischen Erlebens?* Aus unserer zweiten Überlegung geht deutlich hervor: Einerlei, welche Merkmale wir am Gegenstand des ästhetischen Erlebens identifizieren, der Status unserer Antworten wird historisch spezifisch sein, selbst wenn das Tempo der historischen Transformation auf seiten des Erlebens womöglich äußerst langsam ist. Wenn man nach dem stets mehr oder weniger verborgenen Wunsch sucht, der uns dazu motivieren könnte, unsere heutigen Alltagswelten zu überwinden (was natürlich ebenfalls bedeutet, daß man nach Alltagsphänomenen und -bedingungen sucht, im Hinblick auf die ein übermäßiger Sättigungsgrad erreicht ist), gibt es meines Wissens keine überzeugendere Antwort als die von Jean-Luc Nancy, der auf den Anfangsseiten seines Buchs *The Birth to Presence* ausführt, es gebe nichts, was wir heute ermüdender fänden als die Erzeugung einer weiteren Bedeutungsnuance, die Produktion von nichts weiter als einem »bißchen mehr Sinn«.[13] Was uns hingegen in einer dermaßen mit Sinn gesättigten Welt fehlt und sich daher in unserer Kultur in ein primäres Objekt des (nicht völlig bewußten) Begehrens verwandelt, sind Phänomene und Eindrücke von Präsenz – ein Gedanke, der inzwischen, wie ich zugebe (und hoffe), im Kontext meines Buchs nicht sonderlich überraschend kommen dürfte.

Präsenz und Sinn treten jedoch stets zusammen auf und stehen immer in einem Spannungsverhältnis zueinander. Es gibt keine Möglichkeit, sie kompatibel zu machen oder sie im Rahmen einer »ausgewogenen« phänomenalen Struktur zusammenzubringen. Hier möchte ich mich weder auf einen Vergleich noch auf eine detaillierte Erörterung der verschiedenen philosophischen Definitionen der Begriffe »Bedeutung« und/oder »Sinn« einlassen (es scheint sowieso immer zu viele dieser Definitionen zu geben), doch ich gehe davon aus, daß der Bereich des Sinns, also des Bewußtseins von einer getroffenen Wahl (bzw. des Bewußtseins von möglichen Alternativen zu dem Gewählten), genau jene Dimension des Bewußtseins ist, die von der ersehnten Form physischer Präsenz bestritten wird oder die einfach nicht ins Spiel kommt. Das grelle Sonnenlicht oder der Blitz werden, wenn sie mich packen, nicht als »das andere« eines weniger hellen Tags oder des Donners erlebt. Typologisch gesprochen, dominiert die Sinndimension in cartesianischen Welten, also in Welten, für die das Bewußtsein (die Kenntnis von Alternativen) den Kern des menschlichen Selbstbezugs ausmacht. Und sehnen wir uns nicht gerade deshalb nach Präsenz – ist unser Wunsch nach Greifbarkeit nicht deshalb so stark –, weil unsere Alltagsumwelt beinahe unüberwindlich bewußtseinszentriert ist? Wir müssen nicht immer und endlos darüber nachdenken, was es sonst noch geben könnte, sondern wir scheinen manchmal mit einer Schicht unseres Daseins Verbindung aufzunehmen, die einfach will, daß die Dinge dieser Welt in Hautnähe sind.

Nun beschränkt sich Jean-Luc Nancy nicht einfach darauf, eben diese Schicht des auf bestimmte Bedingungen unserer heutigen Kultur reagierenden Begehrens nach Präsenz aufzuzeigen. Er stellt außerdem fest – und gerade das ist der Grund, weshalb

13 Nancy, *Birth to Presence*, S. 6.

er die Doppelbewegung der »Geburt in die Präsenz« und des »Verschwindens der Präsenz« betont –, daß jene Präsenzeffekte, die wir erleben können, immer schon von Abwesenheit durchdrungen sind. Aus einem nur wenig anderen begrifflichen Blickwinkel könnten wir Nancys Gedanken umformulieren und sagen, daß Präsenzphänomene nach unserer Auffassung nicht umhin können, unweigerlich ephemer, also »Effekte von« Präsenz zu sein, denn antreffen können wir sie nur in einer Kultur, die vorherrschend Sinnkultur ist. Für uns kommen Präsenzphänomene stets als »Präsenzeffekte« daher, denn sie werden notwendig von Wolken und Polstern des Sinns umgeben, umfangen und vielleicht sogar vermittelt. Für uns ist es überaus schwierig – wenn nicht gar unmöglich –, das »Deuten« zu unterlassen und *keinen* Versuch zu machen, jenem Blitz oder dem grellen kalifornischen Sonnenschein Sinn zuzuschreiben. Das mag durchaus der Grund gewesen sein, weshalb sich die Duplizität von »Erde« und »Welt« und das Verhältnis zwischen den beiden für Heidegger in seiner Arbeit »Der Ursprung des Kunstwerkes« zu einem derart obsessiven (und begrifflich verwickelten) Thema auswuchsen. Meine eigene (anspruchslose) Reaktion auf diese Beobachtungen – meine Antwort auf die Frage nach den besonderen Merkmalen, welche die Objekte ästhetischen Erlebens kennzeichnen – läuft nun auf den Hinweis hinaus, daß Gegenstände des ästhetischen Erlebens durch ein Oszillieren zwischen Präsenzeffekten und Sinneffekten charakterisiert sind (und hier ist es wieder wichtig, nachdrücklich zu betonen, daß von einem *Erleben* die Rede ist). Es mag zwar grundsätzlich richtig sein, daß alle unsere (menschlichen) Beziehungen zu den Dingen dieser Welt sowohl auf Sinn als auch auf Präsenz beruhen müssen, aber dennoch behaupte ich, daß wir unter den heutigen Kulturverhältnissen einen bestimmten Rahmen benötigen (nämlich die Situation der »Insularität« und die Einstellung der »fokussierten Intensität«), um die produktive Spannung, das Oszillieren zwischen Sinn und Präsenz, wirklich zu erleben, anstatt die Präsenzseite einfach einzuklammern, wie wir es in unserem überaus cartesianischen Alltagsleben offenbar ganz automatisch tun. Ich glaube (und hoffe natürlich), daß meine These über das Oszillieren zwischen Präsenz- und Sinneffekten in die Nähe dessen kommt, was Hans-Georg Gadamer meint, wenn er hervorhebt, daß Gedichte zusätzlich zu ihrer apophantischen Dimension – also zusätzlich zu der Dimension, die durch Interpretation eingelöst werden kann und muß – auch ein »Volumen« haben, d. h. eine Dimension, die unserer Stimme bedarf und wo »gesungen« werden muß.[14] Außerdem glaube ich (und hoffe wieder), daß meine Schlußfolgerung mit der von Niklas Luhmann vertretenen These konvergiert, wonach das »System Kunst« das einzige soziale System ist, in dem die Wahrnehmung (in der phänomenologischen Bedeutung einer durch die Sinne vermittelten menschlichen Beziehung zur Welt) nicht nur eine Voraussetzung der innersystemischen Kommunikation ist, sondern ebenso wie der Sinn von dieser Kommunikation getragen wird.[15]

Was Luhmann als ein spezifisches Merkmal des Systems Kunst herausstreicht, ist eine gewisse Simultaneität von Sinn und Wahrnehmung, von Sinneffekten und Präsenzeffekten; und falls dies keine allzu subjektzentrierte Betrachtungsweise ist, um sie auf Luhmanns Theorie anwenden zu können, würde ich zu behaupten wagen, daß das nach seinen Erkenntnissen Spezifische des Kunstsystems vielleicht nichts anderes ist als die Möglichkeit, Sinn- und Präsenzeffekte in ihrer Gleichzeitigkeit zu erleben. Immer wenn sich uns diese Simultaneität präsentiert, dürfen wir sie als ein Spannungsverhältnis oder ein Oszillieren erleben. Wesentlich ist, daß der Sinn in dieser spezifischen Konstellation nicht der Einklammerung dient, nicht die Präsenzeffekte zum Verschwinden bringt, und daß die – uneingeklammerte – physische Präsenz der Dinge (eines Texts, einer Stimme, einer Leinwand mit Farben, eines Mannschaftsspiels) nicht letzten Endes die Sinndimension unterdrückt. Das Verhältnis zwischen Präsenz- und Sinneffekten ist auch keine Beziehung der Komplementarität, bei der jede Seite im Verhältnis zur anderen der gleichzeitigen Präsenz der beiden Seiten die Stabilität eines strukturellen Musters verliehe. Vielmehr können wir sagen, daß die Spannung/Oszillation zwischen Präsenz- und Sinneffekten den Gegenstand des ästhetischen Erlebens mit einer Komponente provozierender Instabilität und Unruhe ausstattet.

14 Gadamer, *Hermeneutik, Ästhetik, Praktische Philosophie*.

15 Niklas Luhmann, *Die Kunst der Gesellschaft*, Frankfurt a. M. 1995, insbes. S. 30f. u. 41.

Es gibt in der argentinischen Kultur eine Regel – eine Vorschrift oder Konvention –, die sehr schön veranschaulicht, warum ich diese Nichtkomplementarität im Verhältnis zwischen Präsenz- und Sinneffekten so stark betone.[16] In Argentinien soll man nicht zu einem Tango tanzen, der einen gesungenen Text hat – obwohl die häufig frappierende literarische Qualität der Tangotexte schon seit langem ein Gegenstand legitimen kulturellen Stolzes ist. Der Grund hinter dieser Konvention ist offenbar der, daß es im Rahmen einer unausgewogenen Situation der Simultaneität zwischen Sinn- und Präsenzeffekten sehr schwerfiele, bei aufmerksamem Lauschen auf den Text des Tangos obendrein mit dem Körper dem Rhythmus der Musik zu folgen. Und diese geteilte Aufmerksamkeit würde es wahrscheinlich nachgerade unmöglich machen, sich zu lösen und den Körper im Rhythmus der Musik ganz buchstäblich »fallen zu lassen«, was wiederum eine gewiß notwendige Voraussetzung ist für jeden, der die äußerst komplexen Schritte des Tangos ausführen, also den Formen eines Tanzes gerecht werden möchte, dessen weibliche und männliche Choreographien nicht aufeinander abgestimmt sind, ehe der wirkliche Tanz beginnt. Mit anderen Worten – und dies ist ein genaues Beispiel dessen, was ich meine, wenn ich von einer »Spannung« oder einem »Oszillieren« zwischen Präsenz- und Sinneffekten spreche –, wer die semantische Komplexität zu erfassen versucht, der die Tangotexte ihre Melancholie verdanken, wird sich eines Teils des Genusses berauben, den die Verschmelzung des eigenen Körpers mit der Tangobewegung verschaffen kann. Und da ich kein besonderes Interesse daran habe, für eine dominierende Stellung der Präsenzeffekte gegenüber den Sinneffekten zu argumentieren, mag es angebracht sein zu betonen, daß das Umgekehrte ebenfalls gilt: Selbst die vollendetsten Tangotänzer sind, während sie tanzen, nicht dazu imstande, die semantische Komplexität eines Tangotexts zur Gänze zu erfassen.

Wenn ich sage, daß jeder menschliche Kontakt mit den Dingen dieser Welt sowohl eine Sinn- als auch eine Präsenzkomponente enthält und daß die Situation des ästhetischen Erlebens insofern eine spezifische ist, als sie es uns gestattet, diese bei-

16 Siehe meinen Essay »Die Stimmen von Argentiniens Leichen«, in: *Merkur* 499 (1990), S. 715-728.

den Komponenten in ihrem Spannungsverhältnis zu erleben, möchte ich nicht implizit behaupten, das relative Gewicht dieser beiden Komponenten werde stets gleich sein. Im Gegenteil gehe ich davon aus, daß es im Verhältnis zwischen Sinn- und Präsenzkomponente stets zu spezifischen Verteilungen kommen wird, die von der Materialität (d. h. der medienspezifischen Modalität) jedes Gegenstands ästhetischen Erlebens abhängen. So wird die Sinndimension beispielsweise immer dann dominieren, wenn man einen Text liest – doch bei literarischen Texten geschieht es leicht, daß auch die Präsenzdimensionen Typographie, Sprachrhythmus und sogar Papiergeruch ins Spiel kommen. Umgekehrt wird die Präsenzdimension nach meiner Überzeugung immer dann dominieren, wenn man Musik hört – und dennoch trifft es zu, daß bestimmte musikalische Strukturen gewisse semantische Konnotationen evozieren können. Aber einerlei, wie geringfügig die Rolle sein mag, die unter bestimmten medienspezifischen Bedingungen von der einen oder der anderen Dimension gespielt wird, nach meinem Dafürhalten wird das ästhetische Erleben uns – zumindest in unserer Kultur – stets mit der Spannung oder dem Oszillieren zwischen Präsenz und Sinn konfrontieren. Das ist der Grund, weshalb ein ausschließlich semiotischer (in meiner Terminologie: ausschließlich metaphysischer) Zeichenbegriff dem ästhetischen Erleben nicht gerecht werden kann. Wir benötigen zwar einerseits einen semiotischen Zeichenbegriff, um die Sinndimension zu beschreiben und zu analysieren, aber andererseits brauchen wir für die Präsenzdimension des ästhetischen Erlebens auch einen anderen Zeichenbegriff, beispielsweise die aristotelische Verknüpfung von »Substanz« und »Form«. Und wenn die von mir begründete Auffassung zutrifft, daß sich die beiden Dimensionen nie zu einer stabilen Komplementaritätsstruktur entwickeln werden, müssen wir einsehen, daß es nicht nur unnötig, sondern in analytischer Hinsicht sogar kontraproduktiv wäre, wollte man versuchen, eine Verbindung herzustellen und einen komplexen Metabegriff zu bilden, der die semiotische und die nichtsemiotische Definition miteinander verschmilzt.

Hier könnte man den Einwand erheben, daß dieses Nebeneinander zweier Zeichenbegriffe, die nicht im Rahmen einer komplexeren semantischen Struktur zusammengeführt werden, ein Symptom des Scheiterns sei; genauer gesagt, könnte man behaupten, dies beweise, daß wir die für die Metaphysik charakteristische ontologische Duplizität noch nicht wirklich überwunden haben. Unter einem bestimmten Gesichtspunkt – nämlich unter dem Gesichtspunkt einer wahrhaft neuen Epistemologie, die wir uns vielleicht wünschen – habe ich keinen gewichtigen Einwand gegen diesen Einwand. Andererseits jedoch war meine Antwort auf die Frage, was uns denn an Situationen ästhetischen Erlebens fasziniere, als historisch spezifische Antwort gemeint. Der von mir beschworene Wunsch nach Präsenz ist eine Reaktion auf eine allzu cartesianische, historisch spezifische Alltagswelt, die wir zumindest manchmal überwinden wollen. In diesem Zusammenhang – also in unserer eigenen historisch gegebenen Situation – ist es daher weder überraschend noch peinlich, daß die begrifflichen Werkzeuge, mit denen wir die in ihrer Umgebung mit Sinn aufgeladenen Spuren dieses Wunsches nach Präsenz zu analysieren versuchen, ebenfalls teils sinn- und teils präsenzorientiert sind.

* * *

Jetzt werde ich mich beim *sechsten* Schritt meiner Argumentation auf die spezifische Art und Weise konzentrieren, in der sich uns das Oszillieren zwischen Präsenz- und Sinneffekten in Situationen ästhetischen Erlebens präsentiert. Der Begriff, den ich in diesem Kontext benutzen und entfalten möchte, ist der Begriff der *Epiphanie*.[17] Mit dem Ausdruck »Epiphanie« beziehe ich mich hier nicht wieder auf Simultaneität, Spannung und Oszillieren zwischen Sinn und Präsenz, sondern vor allem auf das von Jean-Luc Nancy genannte und theoretisch behandelte Gefühl des Unvermögens, an diesen Präsenzeffekten festzuhalten: das Gefühl, diese Effekte – und damit auch die Simultaneität von Präsenz und Sinn – seien ephemer. Genauer gesagt, möchte ich unter der Überschrift »Epiphanie« auf drei Merkmale eingehen, die die Art und Weise prägen, in der sich uns das Spannungsverhältnis zwischen Präsenz und Sinn präsentiert. Gemeint sind: erstens der Eindruck, daß das Spannungsverhältnis zwischen Präsenz und Sinn, sobald es eintritt, aus dem

17 Dies ist einer der Aspekte, mit Bezug auf die meine eigenen Überlegungen zum ästhetischen Erleben der *Ästhetik des Erscheinens* von Martin Seel ganz nahekommen.

Nichts kommt; zweitens der Umstand, daß sich das Eintreten dieses Spannungsverhältnisses räumlich artikuliert; drittens die Möglichkeit, die Zeitlichkeit dieses Verhältnisses als »Ereignis« zu beschreiben.

Wenn wir die (zum Teil bereits genannten) drei Voraussetzungen machen: daß es kein ästhetisches Erleben ohne einen Präsenzeffekt und keinen Präsenzeffekt ohne ins Spiel kommende Substanz gibt; daß eine Substanz, um wahrgenommen zu werden, einer Form bedarf; und daß die Präsenzkomponente des für das ästhetische Erleben konstitutiven Spannungsverhältnisses oder Oszillierens nie stabil gehalten werden kann, dann ergibt sich daraus, daß ein Objekt des ästhetischen Erlebens, sobald es zum Vorschein kommt und zeitweilig das Gefühl der Intensität hervorruft, aus dem Nichts zu kommen scheint. Denn vorher waren uns keine derartige Substanz und keine derartige Form präsent. Genau darauf verweist Heidegger an einer bereits zitierten Stelle, deren ontologische Implikationen ich zwar faszinierend finde, die man aber nicht unbedingt zu akzeptieren braucht, um mit Heideggers Beschreibung einverstanden zu sein: »*Dann ist die Kunst ein Werden und Geschehen der Wahrheit*. Dann entsteht die Wahrheit aus dem Nichts? In der Tat, wenn mit dem Nichts das bloße Nicht des Seienden gemeint und wenn dabei das Seiende als jenes gewöhnlich Vorhandene vorgestellt ist [...].«[18]

Da das, was aus dem Nichts hervorzugehen scheint, eine Substanz und eine Form hat, muß seine Epiphanie notwendig eine räumliche Dimension voraussetzen (oder zumindest den Eindruck einer solchen Dimension erwecken). Dies ist ein weiteres Motiv in Heideggers Arbeit über den Ursprung des Kunstwerks, das vor allem mit Bezug auf den Begriff »Erde«, und zwar an der bekannten Stelle über den griechischen Tempel entfaltet wird: »Das sichere Ragen [des Tempels] macht den unsichtbaren Raum der Luft sichtbar. Das Unerschütterte des Werkes steht ab gegen das Wogen der Meerflut und läßt aus seiner Ruhe deren Toben erscheinen. Der Baum und das Gras, der Adler und der Stier, die Schlange und die Grille gehen erst in ihre abgehobene Gestalt ein und kommen so als das zum Vor-

18 Heidegger, »Der Ursprung des Kunstwerkes«, S. 57 (Hervorhebung im Original).

schein, was sie sind. Dieses Herauskommen und Aufgehen selbst und im Ganzen nannten die Griechen frühzeitig die Φύσις. Sie lichtet zugleich jenes, worauf und worin der Mensch sein Wohnen gründet. Wir nennen es die *Erde.*«[19] Ein besonders ausgeprägtes Gefühl für diese räumliche Dimension der Epiphanie finden wir im Rahmen der abendländischen Kultur in Calderóns Dramen, vor allem in der Gattung des *auto sacramental,* dessen Aufführung dem Fronleichnamstag vorbehalten war, also dem kirchlichen Feiertag des Abendmahls. In Calderóns Bühnenanweisungen wimmelt es von Angaben, wonach materielle Formen »erscheinen«, »auftauchen« oder »verschwinden« und Körper den Zuschauern »nahekommen« sollen, um anschließend »zurückzuweichen«. Ebenso scheint beim No und Kabuki, den traditionellen Inszenierungsformen des japanischen Theaters, die räumliche Dimension der Epiphanie das zentrale Element der Aufführung darzustellen. Alle Akteure kommen über eine mitten durchs Publikum führende Brücke auf die Bühne, und als kompliziert choreographierter Vorgang beansprucht dieses Betreten der Bühne oft mehr Zeit (und mehr Aufmerksamkeit seitens der Zuschauer) als das eigentliche Bühnenspiel der Akteure.

Schließlich gibt es drei Aspekte, die der Epiphanie-Komponente des ästhetischen Erlebens den Rang eines Ereignisses verleihen. Um zunächst eine bereits genannte Gegebenheit anzuführen: Wir wissen nie, ob oder wann eine solche Epiphanie vorkommt. Zweitens, wenn sie eintritt, wissen wir nicht, welche Form sie annehmen wird und wie intensiv sie ausfällt: Es gibt wirklich keine zwei Blitze mit der gleichen Form und keine zwei Orchesterkonzerte, bei denen die gleiche Partitur in genau der gleichen Weise interpretiert wird. Drittens ist die Epiphanie beim ästhetischen Erleben vor allem deshalb ein Ereignis, weil sie sich selbst ungeschehen macht, während sie in Erscheinung tritt. Das ist im Fall des Blitzes oder der Musik so offenkundig, daß es nachgerade banal wirkt, aber nach meinem Dafürhalten gilt es auch für das Lesen literarischer Texte und sogar für unsere Reaktionen auf Gemälde. So ist z. B. beim wirklichen Lese- oder Hörprozeß keine einzelne Sinnstruktur und kein Einzeleindruck eines rhythmischen Musters länger als einen Moment

19 Ebd., S. 27f. (Hervorhebung im Original).

präsent. Ebenso glaube ich, daß die Zeitform, in deren Rahmen man wirklich von einem Gemälde »getroffen« werden kann – also die Zeitform, in der man beispielsweise das Gefühl hat, es komme auf einen zu –, stets die Zeitform des Augenblicks sein wird. Vielleicht gibt es kein anderes Phänomen, das diese Ereignishaftigkeit der ästhetischen Epiphanie besser veranschaulicht, als ein schönes Spiel einer Mannschaftssportart.[20] Beim Football wie beim Baseball, beim Fußball wie beim Hockey ist die Schönheit des Spiels das einzige Element, über das sich alle bewanderten Fans unabhängig von Sieg oder Niederlage der jeweils angefeuerten Mannschaft einig sein können, und das schöne Spiel ist die Epiphanie einer komplexen und verkörperten Form. Als Epiphanie ist das schöne Spiel immer ein Ereignis, denn man kann nie vorhersagen, ob oder wann es zum Vorschein kommen wird. Falls es in Erscheinung tritt, weiß man nicht im voraus, wie es aussehen wird (selbst wenn man rückblickend durchaus imstande ist, Ähnlichkeiten mit schönen Spielen ausfindig zu machen, die man früher gesehen hat). Außerdem macht es sich, während es in Erscheinung tritt, selbst wieder ungeschehen. Keine Einzelphotographie könnte je ein schönes Spiel erfassen.

* * *

Zumindest einigen Lesern wird meine *siebente* Frage nach diesem kurzen Hinweis auf den Mannschaftssport ganz natürlich vorkommen. Das ist die Frage, ob die ästhetische Epiphanie in der bisher gekennzeichneten Form notwendig *ein Element von Gewalt* beinhaltet. Anderen Lesern – zumindest denen, die sich keinen Sport anschauen – sollte ich diese Frage erläutern, indem ich angebe, was ich eigentlich unter »Gewalt« verstehe. Meine Frage setzt zwei auf dem Präsenzbegriff basierende Definitionen von »Macht« und »Gewalt« voraus, die ansatzweise im letzten Teil des vorigen Kapitels erwähnt wurden. Nach meinem Vorschlag wird »Macht« als Möglichkeit definiert, Räume mit Körpern zu besetzen oder zu blockieren, »Gewalt« hin-

20 Siehe Hans Ulrich Gumbrecht, »On the Beauty of Team Sports«, in: *New Literary History* 30 (Frühjahr 1999), S. 351-372; und ders., »A forma da violencia. Em louvor da beleza atlética«, in: *Mais!*, Kulturbeilage zu *Folha de São Paulo*, 11. März 2001. Diese Texte bilden die Grundlage eines Büchleins über Schönheit im Sport, das unter dem Titel *Lob des Sports* bei Suhrkamp erscheinen soll.

gegen als die Aktualisierung von Macht, d. h., sie ist Macht als Vollzug oder Ereignis. Indem wir uns auf die Erörterung des Epiphaniecharakters des ästhetischen Erlebens zurückbeziehen und die Beobachtung in Anspruch nehmen, Epiphanie impliziere immer das Auftreten einer Substanz, insbesondere das Auftreten einer augenscheinlich aus dem Nichts kommenden Substanz, können wir in der Tat festsetzen, daß es ohne einen Moment von Gewalt keine Epiphanie und infolgedessen kein wirklich ästhetisches Erleben geben kann, denn ohne das Ereignis der Raumbesetzung durch eine Substanz gibt es keinen Moment der Intensität.

Aber wird diese Konklusion nicht unweigerlich den politisch korrekten Einwand auslösen, eine solche »Ästhetisierung der Gewalt« sei ein Beitrag zu ihrer möglichen Legitimierung? Können Ästhetik und Gewalt überhaupt miteinander einhergehen? Die erste und auf der Hand liegende Antwort auf eine solche Kritik würde lauten, daß es einen Unterschied gibt zwischen der Etikettierung eines Gewaltakts als »schön« (was durchaus eine Form der »Ästhetisierung« von Gewalt sein könnte) und der Festsetzung, Gewalt sei eine von mehreren Komponenten des ästhetischen Erlebens. Ich behaupte nicht einfach: »Gewalt ist schön« (sie kann zwar schön sein, aber sie ist nicht grundsätzlich schön), und außerdem schließe ich jede notwendige Konvergenz zwischen ästhetischem Erleben und ethischen Normen aus. Daß bestimmte Phänomene unter die Rubrik »ästhetisches Erleben« eingestuft werden, wird daher keinem ethischen Negativurteil über sie im Wege stehen. So gesehen, läuft meine maßgebliche Erwiderung auf den Einwand, womöglich förderte ich die »Ästhetisierung von Gewalt«, darauf hinaus, daß man durch die Forderung nach einer Gewalt ausgrenzenden Definition des Ästhetischen nicht nur den Krieg, die Zerstörung von Gebäuden und Verkehrsunfälle ausschlösse, sondern auch solche Phänomene wie Football, Boxen oder das Ritual des Stierkampfs. Läßt man hingegen die Verbindung des ästhetischen Erlebens mit der Gewalt zu, dann trägt diese Maßnahme zum Verständnis bei, warum sich bestimmte Phänomene und Ereignisse für uns als unwiderstehlich faszinierend erweisen, obwohl wir wissen, daß diese »Schönheit« zumindest in manchen derartigen Fällen mit der Vernichtung von Leben einhergeht.

Es gibt Formen des ästhetischen Erlebens, wo der Gewalteffekt von einem streng physikalischen Standpunkt bloß eine Illusion ist, weil weder eine Substanz noch der dreidimensionale Raum eine Rolle spielen. (Das gilt z. B. dann, wenn man dem »Rhythmus« eines stumm gelesenen Prosatexts verfällt[21] oder wenn ein Gemälde den Blick gefangennimmt.) Aber selbst in solchen Fällen wissen wir, daß der Effekt auf uns trotzdem »gewaltsam« sein kann, und zwar nachgerade im Sinn unserer Ausgangsdefinition, insofern sie uns körperlich ergreift und so den Körper blockiert. Es ist gewiß möglich, eine Sucht nach bestimmten Textarten zu entwickeln (wobei es nicht nur um deren semantische Schichten geht) und dann darunter zu leiden. Es gibt auch Bilder, die manche Betrachter immer wieder anschauen müssen – einerlei, als wie schwierig und teuer sich das erweisen mag. Schließlich wird das ästhetische Erleben seit eh und je damit in Verbindung gebracht, daß man bereitwillig den – zumindest zeitweiligen – Verlust der Selbstbeherrschung riskiert.

* * *

Meine *achte* Frage steht in engem Zusammenhang mit diesem Gefühl des Verlusts der Selbstbeherrschung. Sofern das ästhetische Erleben nichts Erbauliches hat und keine positive Lehre beinhaltet, stellt sich die Frage, *welchen Effekt* es denn habe, wenn man sich der Faszination durch das Oszillieren zwischen Präsenz- und Sinneffekten hingibt. Sobald wir unser Verlangen nach Präsenz als Reaktion auf eine in den letzten Jahrhunderten allzu cartesianisch gewordene Alltagsumwelt begreifen, hat es Sinn zu hoffen, daß uns das ästhetische Erleben dabei hilft, die räumliche und die körperliche Dimension unseres Daseins wiederzugewinnen. Es hat dann Sinn zu hoffen, daß uns das ästhetische Erleben zumindest ein Gefühl des in-der-Welt-Seins zurückgibt, wenn man darunter das Gefühl der Zugehörigkeit zur physischen Welt der Dinge versteht. Dem sollten wir jedoch sogleich hinzufügen, daß dieses Gefühl zumindest in unserer Kultur nie den Rang einer bleibenden Errungenschaft haben

21 Zur Frage der Gewalt, mit der der Rhythmus eines gedruckten Texts auf dessen Leser einwirken kann, siehe Hans Ulrich Gumbrecht, »Louis-Ferdinand Céline und die Frage, ob literarische Prosa gewaltsam sein kann«, in: Rolf Grimminger (Hg.), *Kunst Macht Gewalt. Der ästhetische Ort der Aggressivität*, München 2000, S. 127-142.

wird. Daher ist es vielleicht angemessener, die Sache umgekehrt zu formulieren und zu sagen, daß uns das ästhetische Erleben daran hindern kann, das Gefühl für die physische Dimension unseres Lebens oder die Erinnerung an diese Dimension völlig zu verlieren.[22] Um nochmals eine Erkenntnis Heideggers zum Einsatz zu bringen, können wir einen kategorialen Unterschied feststellen zwischen dieser wiedergewonnenen Dimension des Selbstbezugs im Sinne der Zugehörigkeit zur Welt der Dinge und jener anderen Form des menschlichen Selbstbezugs, die in der neuzeitlichen Kultur des Abendlands und vor allem in der modernen Naturwissenschaft dominiert. Dabei handelt es sich um das Selbstbild des Betrachters, der einer sich selbst als Bild präsentierenden Welt gegenübersteht.[23]

Einen Eindruck davon, wohin die entgegengesetzte Form des Selbstbezugs im Sinne der Zugehörigkeit zur Welt der Dinge führen kann, vermitteln einige Gedicht von Federico García Lorca.[24] In dem Gedicht »Muerte« aus der Sammlung *Poeta en Nueva York* verspottet Lorca alle Menschen (und sogar alle Tiere), die aus seiner Sicht danach streben, etwas anderes zu sein als in Wirklichkeit. Nur der Bogen aus Gips, schreibt er zum Schluß, ist das, was er ist – und irgendwie ist er damit zufrieden: »Doch der Bogen aus Gips, / wie groß, wie unsichtbar, wie winzig!, / ohne Mühsal.« Der von Lorcas Gedicht nahegelegte existentialistische Gedanke liegt auf der Hand: Erst unser Tod, erst der Augenblick, in dem wir zu reiner Materie (und nichts als Materie) werden, wird unser Aufgehen in der Welt der Dinge wirklich vollenden. Erst der Tod wird uns jene vollkommene Ruhe schenken, nach der wir uns – zumindest manchmal in unserem Leben – sehnen.

Das, worauf diese Antwort auf die Frage nach der Wirkung des ästhetischen Erlebens verweist, läßt sich auch als ein extremer Grad an Gelassenheit kennzeichnen. Diese Gelassenheit

22 Georges Bataille hatte eine Schwäche für diese Argumentationsstruktur. Siehe »L'Apprenti Sorcier«, in: Denis Hollier (Hg.), *Le collège de sociologie (1937-1979)*, Paris 1979, S. 36-59, insbes. S. 40 u. 59.

23 Heidegger, »Das Zeitalter des Weltbilds«, in: *Holzwege*, 6. Aufl. Frankfurt a. M. 1980, S. 73-110.

24 Siehe Hans Ulrich Gumbrecht, »Präsenz. Gelassenheit. Über Federico García Lorcas ›Poeta en Nueva York‹ und die Schwierigkeit, heute eine Ästhetik zu denken«, in: *Merkur* 594-5 (1998), S. 808-825.

gehört sowohl zu der Einstellung, mit der wir uns für das ästhetische Erleben öffnen sollten, als auch zu dem existentiellen Zustand, den wir durch ästhetisches Erleben erreichen können. Um jeder möglichen Verwechslung dieses existentiellen Zustands mit bestimmten hyperkomplexen Formen der (bei uns Theoretikern nur allzu beliebten) Selbstreflexion vorzubeugen, bediene ich mich zur Beschreibung dieser spezifischen Form von Gelassenheit einer bewußt anschaulichen Formulierung und spreche von dem Gefühl, daß man *im gleichen Rhythmus schwingt wie die Dinge dieser Welt.* Was ich mit diesem »Schwingen im gleichen Rhythmus« meine, ist nicht gleichbedeutend mit einem Weltbild der vollkommenen (oder vielleicht sogar ewigen) Harmonie.[25] Mit dieser Formulierung beziehe ich mich nicht auf das einer idealen Kosmologie entsprechende Verhalten, sondern auf eine Situation, die speziell unsere heutige Kultur auszeichnet, nämlich auf den Eindruck, soeben einen neuerlichen Blick auf die mögliche Beschaffenheit der »Dinge dieser Welt« erhascht zu haben. Vielleicht ist es genau das, worum es, von einem existentiellen Standpunkt betrachtet, bei der Selbstentbergung des Seins geht, und zwar nicht nur bei der Selbstentbergung als ästhetischer Epiphanie, sondern bei der Selbstentbergung im allgemeinen. Wenn man unter Erleben eher ein Wahrnehmen als ein Erfahren versteht, wird das Erleben der Dinge dieser Welt in ihrer vorbegrifflichen Dinghaftigkeit ein Gefühl für die körperliche und die räumliche Dimension unseres Daseins reaktivieren.

Um auf einige der klassischen Begriffe der philosophischen Ästhetik zurückzukommen, kann man sagen, daß sich die Entbergung des Seins sowohl in der Modalität des Schönen als auch in der Modalität des Erhabenen zutragen kann. Ebenso darf man sagen, daß sie uns in einen Zustand der apollinischen Klarheit oder der dionysischen Verzückung versetzen kann. Unabhängig von diesen (im übrigen maßgeblichen) Unterscheidungen glaube ich, daß wir uns immer, wenn wir in unserer spezifischen kulturellen Situation das Wort »ästhetisch« gebrauchen, in sei's bewußter oder unbewußter Form auf Epiphanien beziehen. Mit dem Wort »ästhetisch« nehmen wir Be-

25 Hier reagiere ich auf eine Diskussion mit meinem Kollegen Hermann Dötsch.

zug auf Epiphanien, die es bewirken, daß wir zumindest für Momente nicht nur mit dem Geist, sondern auch mit dem Körper davon träumen, es ersehnen und uns vielleicht sogar daran erinnern, wie vortrefflich es wäre, in unserem Leben im gleichen Rhythmus zu schwingen wie die Dinge dieser Welt.

3

Während sich die Geisteswissenschaftler in den letzten beiden Jahrhunderten im Hinblick auf die Frage nach dem eventuellen Nutzen schöner Dinge zumeist recht vage ausgedrückt haben – und dabei häufig auch noch stolz gewesen sind auf die Vagheit ihrer Formulierungen –, hat man die praktische Nützlichkeit des Studiums der Vergangenheit nie ernsthaft in Zweifel gezogen. Schon der Begriff »Historie« ist nicht zu trennen von der Verheißung, daß die einmal erforschte Vergangenheit eine »Lehrerin fürs Leben« sein könne (*historia magistra vitae*).[26] Es läßt sich jedoch leicht zeigen, wie der an diese Erwartung geheftete Preis in den letzten Jahrhunderten der abendländischen Kultur dermaßen kraß in die Höhe geschnellt ist, daß von dieser Erwartung heute nichts weiter übrig ist als ein wenig abgestandene Sonntagmorgen-Rhetorik. Im Mittelalter galt jede Handlung und jedes Ereignis der Vergangenheit als potentielle Orientierung für die Gestaltung von Gegenwart und Zukunft, denn man glaubte noch nicht, daß die menschliche Welt in permanenter Umgestaltung begriffen sei. Darum konnte jede für wahr gehaltene Erzählung über die Vergangenheit in ein »Exempel« verwandelt werden. Die Renaissancekultur hingegen sollte dann für ihre Gegenwartsorientierung nur noch »die Hälfte ihrer Vergangenheit« berücksichtigen, um es ganz schematisch auszudrücken. Die Humanisten der frühneuzeitlichen Jahrhunderte hofften, in der griechischen und römischen Antike – aber nicht in der unmittelbar vorangehenden (von ihnen

26 Reinhart Koselleck zeichnet den Aufstieg und Niedergang dieser Verheißung seit dem ausgehenden siebzehnten Jahrhundert in der folgenden Arbeit nach: »Historia magistra vitae. Über die Auflösung des Topos im Horizont neuzeitlich bewegter Geschichte«, in: *Vergangene Zukunft. Zur Semantik geschichtlicher Zeiten*, Frankfurt a. M. 1979, S. 38-67.

zum erstenmal als »dunkel« apostrophierten) Welt des Mittelalters – auf »Exempel« zu stoßen, die für ihr eigenes Leben relevant wären. Im späten siebzehnten und im Laufe des ganzen achtzehnten Jahrhunderts kam eine seither als »historische Zeit« bezeichnete Zeitkonstruktion zum Vorschein, die sich dermaßen fest eingebürgert hat, daß man bis vor kurzem dazu neigte, sie für das einzig mögliche Chronotop zu halten. Durch die historische Zeit wurden die Anforderungen für das »Lernen aus der Vergangenheit« dramatisch höher geschraubt. Denn diese Vorstellung implizierte die Notwendigkeit der Identifizierung der den historischen Wandel in der Vergangenheit prägenden »Gesetze« und der Extrapolation ihres künftigen Fortschreitens, sofern man kommende Entwicklungen vorhersehen wollte. Aber nicht einmal diese überaus teure (und wie die Marxisten zu sagen pflegten: »wissenschaftliche«) Form des Lernens aus der Vergangenheit hat sich angesichts unserer heutigen Skepsis behaupten können. Die neueste Entwicklung geht nicht dahin, daß wir jede Vorhersage der Zukunft als Ding der Unmöglichkeit ablehnen, sondern wir halten dergleichen für so kompliziert (und so kostspielig), daß wir lieber die Risiken berechnen,[27] d. h., wir ziehen es vor auszutüfteln, wie teuer es uns zu stehen kommt, wenn bestimmte, von uns erwartete Entwicklungen doch nicht eintreten. Sobald wir den Preis kennen, können wir die Versicherung bezahlen, anstatt den Versuch zu unternehmen, die Ereignisse der Zukunft mit letzter Sicherheit zu bestimmen.

Eine andere Möglichkeit, die gleiche Entwicklung zu betrachten, besteht in einer Neubewertung der guten alten Debatte über die Frage, ob unsere Gegenwart (noch) »modern« ist oder (schon) »postmodern« – eine Debatte, die vor gerade erst zehn Jahren noch für viel theoretische Spannung sorgte. Heute begreifen wir allmählich, daß diese Diskussionen ein Symptom für das Auslaufen des Chronotops der »historischen Zeit« waren und daß dieser Prozeß des Verlassens der historischen Zeit jetzt hinter uns zu liegen scheint – einerlei, ob wir unsere Gegenwart »modern« oder »postmodern« nennen wollen.[28] Die

27 Siehe Niklas Luhmann, *Beobachtungen der Moderne*, Opladen 1992.

28 Meine Argumentation stützt sich hier in erheblichem Maße auf Arbeiten von Reinhart Koselleck. Siehe *Vergangene Zukunft* und weitere Veröffentlichungen. Was meine eigenen Versuche einer Fortführung der

»historische Zeit« beruhte (ebenso wie unser Begriff »Geschichte«, der sich auf eine spezifische historische Kultur bezieht, deren Geschichtlichkeit uns erst vor kurzem klar geworden ist) auf der Annahme einer Asymmetrie zwischen der Vergangenheit als einem »Erfahrungsraum« und der Zukunft als einem offenen »Erwartungshorizont«. Der Begriff der historischen Zeit implizierte die Annahme, daß sich die Dinge zwar nicht dem Wandel in der Zeit widersetzen würden, daß es jedoch – obwohl Gegenwart und Zukunft von der Vergangenheit verschieden sein müssen und obwohl wir daher die Vergangenheit ständig hinter uns lassen – eine Möglichkeit gibt, eben dadurch »aus der Vergangenheit zu lernen«, daß man sich bemüht, »Gesetze« des historischen Wandels zu identifizieren und auf der Grundlage solcher »Gesetze« mögliche Zukunftsszenarios auszuarbeiten. Zwischen dieser Vergangenheit und dieser Zukunft ist die Gegenwart anscheinend nichts weiter als ein kurzer Augenblick des Übergangs, in dem die Menschen ihre Subjektivität ausbilden und ihr Handlungsvermögen benutzen, indem sie mögliche Zukunftssituationen imaginieren und zwischen ihnen wählen und indem sie versuchen, zur Verwirklichung der von ihnen gewählten Zukunft beizutragen. Was uns erst vor kurzem verlorengegangen zu sein scheint, ist die langfristige Selbstzuschreibung dieses die historische Zeit durchdringenden aktiven Moments (in dem man »die Vergangenheit hinter sich läßt« und »in die Zukunft eintritt«). Daß wir beispielsweise Vorhersagen durch die Berechnung von Risiken ersetzen, bedeutet, daß wir jetzt die Zukunft als unzugänglich erleben – zumindest im Hinblick auf alle praktischen Vorhaben. Dabei sind wir stärker denn je darauf bedacht (und auf der Ebene des Wissens und sogar der Technik besser denn je gerüstet), die Gegenwart mit Artefakten aus der Vergangenheit und mit auf solchen Artefakten basierenden Reproduktionen zu füllen. Beweise dafür sind die heutzutage vor allem in Europa

Gedanken Kosellecks betrifft, siehe Hans Ulrich Gumbrecht, »Die Gegenwart wird (immer) breiter«, in: *Merkur* 629-30 (2001), S. 769-784; »Space Reemerging. Five Short Reflections on the Concepts ›Postmodernity‹ and ›Globalization‹«, in: Hermann Herlinghaus (Hg.), *Postmodernidad y globalizacón*, Pittsburgh 2003; und vor allem das Kapitel »Als es mit dem Lernen aus der Geschichte vorbei war« in meinem Buch *1926. Ein Jahr am Rand der Zeit*, S. 445-480.

besonders intensiv spürbaren Wellen der »Nostalgiekultur«, die beispiellose Beliebtheit der Museen und deren neue Ausstellungsformen sowie die Debatten über die Unfähigkeit der Gesellschaften zu einer Existenz ohne historische Erinnerung. Eingezwängt zwischen die beiden Pole der »neuen« unzugänglichen Zukunft und der neuen Vergangenheit, die wir nicht mehr hinter uns lassen (wollen), haben wir zu spüren begonnen, daß die Gegenwart breiter und daß der Rhythmus der Zeit langsamer wird.

Sofern meine Darstellung eine einleuchtende Erklärung unserer heutigen historischen Kultur gibt, stellt sich die Frage, was das alles mit dem Begriff »Präsenz« und dessen möglichen Auswirkungen auf unsere Formen des Lehrens der Geschichte und der historischen Forschung zu tun hat. Eine mögliche Antwort beruht auf dem Eindruck, daß unser Bestreben, die immer breiter werdende Gegenwart mit Artefakten aus der Vergangenheit zu füllen, nur wenig – wenn überhaupt etwas – mit dem herkömmlichen Projekt der Geschichte als wissenschaftlichem Fach zu tun hat, also mit dem Projekt, unser Wissen über die Vergangenheit zu interpretieren (d. h. durch neue Begriffe zu erfassen), bzw. mit dem Ziel, »aus der Geschichte zu lernen«. Eher ist das Gegenteil der Fall: Die Form, in der manche Museen ihre Exponate anordnen, erinnert an die *Son-et-lumière*-Shows, die manche historische Stätten Frankreichs in den späten 1950er Jahren darzubieten begannen, sowie an den Reiz, der von historischen Romanen wie *Der Name der Rose* und Filmen wie *Radio Days*, *Amadeus* und *Titanic* ausgeht. Dies alles verweist auf ein Verlangen nach Präsentifikation – und dagegen habe ich bestimmt keine Einwände. Da wir die Vergangenheit nicht immer berühren, hören und riechen können, liegen uns solche Wahrnehmungen gewiß am Herzen. Dieser Wunsch nach Präsentifikation läßt sich mit der Struktur einer breiten Gegenwart in Verbindung bringen, in der wir die Vergangenheit nicht mehr »hinter uns lassen« wollen und in der die Zukunft nicht versperrt ist. Eine solche breite Gegenwart würde schließlich in einem Bereich der Simultaneität verschiedene vergangene Welten versammeln. Eine andere – eher ergänzende als alternative – Möglichkeit, unser in Veränderung begriffenes Verhältnis zur Vergangenheit zu erklären, würde darauf hindeuten, daß eine neue – diesem neuen Chronotop entsprechende – historische Kultur noch nicht entstanden ist und daß eine ganz grundlegende (vielleicht metahistorische) Ebene unserer Faszination durch die Vergangenheit sichtbar wird.[29]

Wenn wir diese grundlegende Faszinierung durch die Vergangenheit besser verstehen wollen (im Rahmen der deutschen Tradition würde man hier von etwas »Anthropologischem« sprechen), bietet der phänomenologische Begriff der »Lebenswelt« einen geeigneten Ausgangspunkt. Unter den Begriff »Lebenswelt« möchte Edmund Husserl die Gesamtheit jener theoretischen und geistigen Tätigkeiten subsumieren, bei denen wir damit rechnen, daß sie von allen Menschen aller Kulturen und Zeiten vollzogen werden (können). Historisch spezifische »Alltagswelten« können dann als vielfältige Ausschnitte aus dem Bereich der von der Lebenswelt gebotenen Möglichkeiten analysiert werden. Eines der – zumindest aus dem Blickwinkel unserer Argumentation – besonders überraschenden Merkmale der Lebenswelt ist die allgemeine menschliche Fähigkeit, geistige und theoretische Tätigkeiten zu imaginieren, die der menschliche Geist eben *nicht* ausführen kann. Mit anderen Worten, es gehört zum Inhalt unserer Lebenswelt, daß wir uns Fähigkeiten ausmalen und wünschen, die jenseits der Grenzen der Lebenswelt liegen. Die Prädikate, die verschiedene Kulturen ihren diversen Göttern zugesprochen haben – beispielsweise Allwissenheit, Ewigkeit, Allgegenwart oder Allmacht – bilden einen Vorrat an solchen Vorstellungen. Wenn wir nun von dieser Überlegung ausgehend behaupten, das, was nach unserer Vorstellung jenseits der Grenzen der Lebenswelt liegt, sei konstitutiv für – metahistorisch stabile – Objekte des Verlangens, können wir darüber hinaus die Vermutung anstellen, es sei möglich, daß verschiedene Wünsche, die Grenzen der Lebenswelt in unterschiedliche Richtungen zu überschreiten, verschiedene Grundströme von Energie erzeugen können, die ihrerseits alle geschichtlich spezifischen Kulturen tragen. So wird z. B. die doppelte zeitliche Begrenzung des menschlichen Lebens durch Geburt und Tod den Wunsch hervorrufen, diese beiden Grenzen der Lebenswelt zu überschreiten; und die eine

29 Eine detailliertere Fassung der folgenden Argumentation findet der Leser in meinem Artikel »Historical Representation and Life World«, Teil 2, in: Gumbrecht, *Making Sense in Life and Literature*, S. 33-75.

Hälfte dieses Wunsches wird, spezifischer ausgedrückt, der Wunsch sein, die Grenze unserer Geburt in Richtung Vergangenheit zu überwinden. Als zugrundeliegende Kraft wird gerade dieser Wunsch alle geschichtlich spezifischen historischen Kulturen motivieren. Das in der Schicht unter allen geschichtlich spezifischen historischen Kulturen liegende Objekt dieses Wunsches wäre die *Präsentifikation* der Vergangenheit, also die Möglichkeit, mit den Toten zu »sprechen« oder die Gegenstände ihrer Welt zu »berühren«.

Wenn man die gleiche These vertritt wie ich und behauptet, daß solche »tiefen« Lebensweltschichten der menschlichen Kultur in historischen Augenblicken sichtbar werden können, die zwischen geschichtlich spezifischen Alltagskulturen liegen – beispielsweise zwischen dem Hinscheiden der »historischen Zeit« und der Entstehung einer historischen Kultur, die unserer breiten Gegenwart entspräche –, dann impliziert das keineswegs, daß die Verfahren, die wir bei der Befriedigung dieser grundlegenden, auch das Streben nach Präsentifikation einschließenden Wünsche entwickeln, rudimentär sein müssen. Es gibt keinen Grund, weshalb historische Romane oder historische Filme, von denen Präsentifikationseffekte ausgelöst werden, weniger komplex sein sollen als Romane und Filme, die zu beweisen versuchen, daß wir aus der Geschichte lernen können. Aber in welcher allgemeinen Hinsicht unterscheiden sich die zur Präsentifikation der Vergangenheit benutzten Techniken etwa von den Techniken des Lernens aus der Vergangenheit? Nach den heutigen Formen der Faszination und der Praxis zu urteilen, haben die Techniken der Vergangenheitspräsentifikation ganz offensichtlich eine Tendenz zur Betonung der Dimension des Raums, denn nur bei räumlicher Ausbreitung können wir die Illusion haben, die mit der Vergangenheit in Verbindung gebrachten Gegenstände zu berühren. Das erklärt vielleicht die zunehmende Beliebtheit der Institution Museum und womöglich auch das wiedererwachte Interesse an der Archäologie sowie die Umorientierung dieser historischen Teildisziplin.[30] Zur gleichen Zeit bringt uns der Trend zur Ver-

30 Siehe Mike Pearson u. Michael Shanks (Hg.), *Theater/Archeology*, New York 2001. Der Begriff »Theater« steht hier für die räumliche Dimension der Beziehung zur Vergangenheit.

räumlichung die Grenzen der als textgebundenes Medium auf Vergegenwärtigung der Vergangenheit bedachten Geschichtsschreibung stärker zum Bewußtsein.[31] Für einen interpretativen Zugang zur Vergangenheit sind Texte und Begriffe gewiß das angemessenste Medium. Aber sogar die fundamentalsten theoretischen Historisierungsmanöver scheinen sich allmählich zu verändern, sobald sie anfangen, dem Wunsch nach Vergegenwärtigung der Vergangenheit entgegenzukommen; und solche Veränderungen verpflichten uns dazu, einige Grunderfordernisse und Voraussetzungen des Historikerberufs erneut in Augenschein zu nehmen.

Die ausschlaggebende Sensibilität, die man bei einem Historiker voraussetzt, ist eine doppelte Fähigkeit. Erstens soll er imstande sein, in seinen eigenen Alltagswelten Gegenstände aufzuspüren, die in diesem Zusammenhang keinen offenkundigen praktischen Nutzen haben (die, wie Heidegger gesagt hätte, nicht »zuhanden« sind); und zweitens soll er dazu bereit sein, weder eine praktische Funktion für sie ausfindig zu machen noch die Aufmerksamkeit von ihnen abzuziehen (er soll sie »vorhanden« sein lassen).[32] Nur durch diese doppelte Tätigkeit, bei der man Gegenstände ohne praktischen Nutzen ermittelt und den Versuch unterläßt, einen solchen Nutzen für sie herauszubekommen, wird es gelingen, »historische Gegenstände« beizubringen und ihnen – zumindest in den Augen des Historikers und des historisch sensiblen Betrachters – eine besondere Aura zu verleihen. Wenn man an diesem Punkt fragt, was denn genau solche in historische Gegenstände verwandelten Objekte »bedeuten« mögen, ist damit eine angemessene Frage gestellt, sofern man diese Objekte als Symptome einer Vergangenheit sehen will, die uns letzten Endes dazu befähigen wird, unsere Gegenwart besser zu verstehen. Aber anstatt diese Frage nach dem Sinn aufzuwerfen, drängt uns die Präsentifikation in eine andere Richtung. Durch den Wunsch nach Präsenz werden wir dazu bewogen, auf die Sinnfrage zu verzichten und

31 In diesem Sinne sollte mein Buch *1926* ein Experiment zur Bestimmung dieser Grenzen sein.

32 Siehe Hans Ulrich Gumbrecht, »Take a Step Back – and Turn Away from Death! On the Moves of Historicization«, in: Glenn Most (Hg.), *Historicization/Historisierung*, Göttingen 2001, S. 365-375, überarbeitete dt. Fassung in: Gumbrecht, *Die Macht der Philologie*, 5. Kapitel.

uns statt dessen auszumalen, wie wir uns theoretisch und körperlich zu bestimmten Gegenständen verhalten hätten, wenn wir in ihrer eigenen historischen Alltagswelt auf sie gestoßen wären. Sobald wir spüren, inwiefern dieses Spiel der historischen Vorstellungskraft anziehend und ansteckend sein kann, und sobald wir auch andere Personen in den gleichen theoretischen Prozeß hineinlocken, haben wir genau jene Situation geschaffen, auf die man sich bezieht, wenn man behauptet, jemand sei dazu in der Lage, »die Vergangenheit heraufzubeschwören«. Das ist der erste Schritt auf dem Weg zu einem »Umgang mit den Dingen der Vergangenheit«, bei dem man sie so behandelt, *»als befänden sie sich in unserer eigenen Welt«* (und dieses Zitat stammt aus dem Vorwort der im dreizehnten Jahrhundert verfaßten kastilischen *Crónica general*). Ein Vorteil der Fähigkeit, sich selbst unter diesen Umständen ganz buchstäblich von der Vergangenheit anziehen zu lassen, liegt vielleicht in dem Umstand, daß wir uns durch Überschreiten der Lebensweltschwelle unserer Geburt von der stets drohenden und stets präsenten Zukunft des eigenen Todes abwenden. Aber für unser neues Verhältnis zur Vergangenheit gibt es etwas noch Wichtigeres als die Abwendung vom Tod, nämlich die Zurückweisung der Frage, welche Vorteile von der Beschäftigung mit der Vergangenheit zu erhoffen sind. Es gibt einen triftigen Grund dafür, diese Frage offenzulassen und das Heraufbeschwören der Vergangenheit einfach geschehen zu lassen, nämlich daß jede mögliche Antwort auf die Frage nach praktischen Vorteilen den Bereich der möglichen Formen der Hingabe an die Vergangenheit und der schlichten Freude am Kontakt mit ihr beschränkt.

4

Abschließend stellt sich die Frage: Welche Konsequenzen könnte eine derartige Konzentration auf historische Präsentifikation und ästhetische Epiphanien für die Lehre haben, d. h. für den Universitätsunterricht im Bereich jener Fächer, die in der anglo-amerikanischen Tradition unter die Bezeichnung *»humanities and arts«* fallen? Zunächst möchte ich betonen, daß es nicht – zumindest nicht in erster Linie – um die Frage geht, wie es gelingen kann, im Seminar einen Ort für diesen Wunsch nach

Präsenz zu finden. Was ich hier besprechen möchte, ist die Frage, ob sich diese modifizierten Vorstellungen von »Ästhetik« und »Geschichte« als den beiden wichtigsten Kontexten, in deren Rahmen ich an kulturelle Gegenstände herangehen möchte, auf die Art und Weise, in der wir über die Lehre nachdenken und unsere pädagogischen Pflichten erfüllen, auswirken könnten und sollten. Zwischen diesen beiden Kontexten kann ich eine doppelte Annäherung erkennen, die eine gewisse Relevanz für pädagogische Fragen zu haben verspricht. Die erste Annäherung liegt in der Bejahung einer ausgeprägten Distanz gegenüber unseren Alltagswelten, die offenbar sowohl vom Vorkommen der Epiphanien als auch vom Akt der Historisierung impliziert und verlangt wird. Das ästhetische Erleben zwingt uns bezüglich Situation und Zeit zur Insularität, während die Historisierung die Fähigkeit zur Erkenntnis und die Bereitschaft zur Anerkennung des dysfunktionalen Status voraussetzt, der bestimmten Gegenständen unserer Aufmerksamkeit in ihrer jeweiligen Umgebung zukommt. Die zweite Annäherung, die ich hier erwähnen möchte, besteht in der doppelten Zurückhaltung gegenüber unserer Gewohnheit zu interpretieren, also den Gegenständen unserer Aufmerksamkeit Sinn zuzuschreiben. Es mag sein, daß es uns langfristig gesehen unmöglich ist, darauf zu verzichten, einer ästhetischen Epiphanie oder einem historischen Gegenstand Sinn zuzuschreiben. Aber für unseren Wunsch nach Präsenz wird es, wie ich im Hinblick auf beide Fälle (und mit unterschiedlicher Begründung) geltend gemacht habe, am ergiebigsten sein, wenn wir einen Augenblick innezuhalten versuchen, ehe wir Sinn zuschreiben, und wenn wir uns dann von einem Oszillieren ergreifen lassen, bei dem Sinneffekte von Präsenzeffekten durchdrungen werden.

Da sowohl die Abstandnahme von der Alltagswelt als auch der Moment der Suspendierung des Sinnzuschreibens Zustände sind, die traditionell eher mit der Ästhetik als mit der historischen Kultur in Verbindung gebracht werden, ruft meine Akzentuierung beider vielleicht den Eindruck hervor, ich wolle in die Richtung einer »Ästhetisierung« der Geschichte und vielleicht sogar unserer Lehrpraxis gehen. Nun möchte ich zwar betonen, daß an einer Ästhetisierung nicht notwendig etwas auszusetzen ist, aber andererseits habe ich diesbezüglich (zumindest im Rahmen der gegenwärtigen Argumentation) kein besonderes Interesse.[33] Sehr viel spannender finde ich die Möglichkeit, die von unserer Vorstellung von Ästhetik ebenso wie von unserer Geschichtskonzeption implizierte Distanz gegenüber Alltagssituationen mit der herkömmlichen – und zumeist selbstkritischen – Selbstbezeichnung der wissenschaftlichen Welt als »Elfenbeinturm« in Verbindung zu bringen. Denn wenn uns das ästhetische Erleben und die Historisierung die Distanz des Elfenbeinturms auferlegen, verpflichten sie uns außerdem zur Anerkennung der Chance, daß gerade diese Distanz riskantes Denken gestattet,[34] also die Möglichkeit schafft, etwas zu denken, was in unserer Alltagswelt nicht gedacht werden kann. Was in der Alltagswelt nicht gedacht werden kann, sind erstens Inhalte, Hypothesen und Optionen, deren Auftauchen in der Alltagswelt das Risiko unerwünschter Konsequenzen nach sich ziehen würde. In einer wissenschaftlichen Diskussion muß z. B. die Frage zulässig sein, ob »Martin Heidegger ohne seine Nähe zur nationalsozialistischen Ideologie ein dermaßen wichtiger Philosoph hätte werden können«.[35] Dagegen bin ich ganz entschieden der Meinung, daß eine solche Diskussion nicht in die Mittelstufe des Gymnasiums und wahrscheinlich auch nicht einmal auf die Feuilletonseiten unserer Tageszeitungen gehört. Der zweite Problemtyp, mit dem wir uns in der Alltagswelt normalerweise nicht befassen können, umfaßt jene Fragen, deren Erörterung weder Lösungen noch einen praktischen Ertrag verspricht. Die Konzentration auf solche Fragen gilt häufig als zu zeitraubend (und daher als zu kostspielig).

Richtig verstanden gibt uns der Elfenbeinturmstatus der wissenschaftlichen Welt die Möglichkeit der ausführlichen Auseinandersetzung mit gerade solchen Themen, Problemen

33 Nach Hans-Georg Gadamers Vorschlag gibt es eine systematische Beziehung zwischen der Ästhetik und der Dimension des Erlebens (*Wahrheit und Methode*, Tübingen 1961, S. 142). In der phänomenologischen Tradition entspricht diese Dimension dem Intervall zwischen der (physischen) Wahrnehmung und der Erfahrung als Sinnzuschreibung.

34 Zu diesem Begriff siehe Hans Ulrich Gumbrecht, »Riskantes Denken. Intellektuelle als Katalysatoren von Komplexität«, in: Uwe Justus Wenzel (Hg.), *Der kritische Blick. Intellektuelle Tätigkeiten und Tugenden*, Frankfurt a. M. 2002, S. 140-147.

35 Das ist eine Frage, die Jacques Derrida 1988 bei einem Seminar an der Universität-Gesamthochschule Siegen gestellt hat.

und Fragen, ohne uns von jedem möglichen Feedback in die Gesellschaft abzuschneiden. Denn dieser Turm ist zwar, um noch einen Augenblick bei unserer Metapher zu bleiben, weit von der Gesellschaft entfernt und grundverschieden von ihr, aber er hat gewiß Fenster und Türen. Daß dank des Abstands zwischen Turm und Gesellschaft die Möglichkeit besteht, riskante Themen zu analysieren und unter Verhältnissen geringen Zeitdrucks durchzuarbeiten, bedeutet, daß wir die Komplexität der Probleme nicht reduzieren müssen (wie es in Alltagssituationen, in denen ja unverzüglich Lösungen vorgelegt werden müssen, unweigerlich der Fall ist), sondern uns ihrer Komplexität stellen und sie sogar steigern dürfen. Das ist der Punkt, an dem das »Erleben« – und damit die zweite Annäherung zwischen unserer Vorstellung von Ästhetik und unserer Geschichtskonzeption – eine Rolle zu spielen beginnt. Sofern der Universitätsunterricht gerade durch die Auseinandersetzung mit Komplexität etwas Spezifisches bekommt, sollten wir allerdings – anstatt zwanghaft Sinn zuzuschreiben und dadurch Lösungen zu liefern – bestrebt sein, unsere Lehre nach Möglichkeit im Modus des Erlebens zu praktizieren.[36] Denn guter Universitätsunterricht ist eine Inszenierung von Komplexität. Er schreibt den Studenten nicht vor, wie sie bestimmte Probleme auffassen und wie sie letzten Endes mit ihnen fertig werden sollen, sondern er lenkt ihre Aufmerksamkeit auf komplexe Phänomene und Probleme. Mit anderen Worten, guter

36 Eine ausführlichere Erörterung dieses Aspekts in: Hans Ulrich Gumbrecht, »Live your Experience – and Be Untimely! What ›Classical Philology as a Profession‹ Could (Have) Become«, in: Glenn Most (Hg.), *Disciplining Classics / Altertumswissenschaft als Beruf*, Göttingen 2002, S. 253-269 (dt. Fassung in: Gumbrecht, *Die Macht der Philologie*, 6. Kapitel). Der spezifische Begriff des Erlebens, für den ich mich hier stark zu machen versuche (obwohl ich mir über das in der heutigen Philosophie weitverbreitete Vorurteil dagegen völlig im klaren bin), ist *nicht* der von Wilhelm Dilthey vertretene Begriff des Erlebens im Sinn eines »Zurückübersetzens der Objektivationen des Lebens in die geistige Lebendigkeit, aus der sie hervorgegangen sind«. Wie bereits erwähnt, benutze ich den Begriff »Erleben« zur Bezugnahme auf das Intervall zwischen der physischen Wahrnehmung eines Objekts und der (endgültigen) Sinnzuschreibung. Im Gegensatz zu Dilthey gebe ich nicht die Empfehlung, die Lektüre eines Gedichts z. B. solle uns zu dem die Niederschrift motivierenden Erlebnis zurückführen.

Universitätsunterricht sollte nicht interpretativ und lösungsorientiert sein, sondern *deiktisch* verfahren. Doch wie ist es möglich, daß ein solcher deiktischer Lehrstil nicht im Schweigen endet bzw. (was vielleicht noch schlimmer wäre) in einer quasi mystischen Kontemplation und Bewunderung eines derartigen Grades an Komplexität? Um einen Vergleich anzuführen, der zu einer Klärung dieses Punkts beiträgt, können wir an den emphatischen neuen Begriff des »Lesens« denken, der wahrscheinlich von der besonderen Erfahrung herrührt, die sich manche Leser an bestimmten Arten von moderner Literatur erworben haben. Bei dieser Form des »Lesens« – und zwar sowohl beim Lesen von Büchern als auch beim Lesen der Welt – handelt es sich nicht bloß um Sinnzuschreibung, sondern um jene nie endende, sowohl Freude als auch Schmerz bereitende Bewegung zwischen Verlust und Wiedergewinnung theoretischer Kontrolle und Orientierung, die bei der Auseinandersetzung mit (fast?) jedem kulturellen Objekt vorkommen kann, solange sie sich unter Bedingungen geringen Zeitdrucks abspielt, d. h. ohne daß sofort eine »Lösung« oder eine »Antwort« erwartet würde. Das ist genau die Bewegung, auf die man sich bezieht, wenn man sagt, ein Seminar oder sonst eine Lehrveranstaltung habe den Horizont »erweitert«.

Beinahe unabsichtlich (aber keineswegs zufällig) sind wir im Zuge dieser Erörterung der Konsequenzen, die eine präsenzorientierte Vorstellung von Ästhetik und Geschichte im Hinblick auf die Lehre nach sich ziehen kann, in der theoretischen Nachbarschaft einiger klassischer Autoren angelangt, die über das Thema Universitätsunterricht und die Universität als Institution geschrieben haben. Niklas Luhmann z. B. pflegte die Universität als ein »sekundäres Sozialsystem« zu kennzeichnen, d. h. als ein Sozialsystem, dessen Funktion die Erzeugung von Komplexität sein sollte. Dadurch unterscheidet es sich von den meisten übrigen Sozialsystemen, auf die es damit zugleich reagiert, denn diese übrigen Systeme sind nach Luhmanns Anschauung darauf orientiert, die von ihrer Umgebung ausgehende Komplexität zu reduzieren.[37] Aufgrund der durch die Verbindung von wissenschaftlicher Forschung und Lehre er-

37 Siehe Niklas Luhmann, *Die Wissenschaft der Gesellschaft*, Frankfurt a. M. 1990.

zeugten Komplexität verfügen unsere Gesellschaften über Alternativen zu dem, was sie im jeweiligen Augenblick sind, und können so die Herausforderungen des Wandels überstehen. Max Weber hatte in seinem bekannten, 1917 verfaßten Essay »Wissenschaft als Beruf« betont, daß sich die wissenschaftliche Forschung und die Lehre in erster Linie auf alle »unbequemen Tatsachen« konzentrieren sollten, auf alle nicht einleuchtenden Erkenntnisse und unwahrscheinlich wirkenden Feststellungen, deren sie habhaft werden. Der Mut, der nötig ist, um sich ungelösten Problemen und unvorhersehbaren theoretischen Entwicklungen zu stellen, ist nach Weber das auszeichnende Merkmal der wahren »Geistesaristokratie«.[38] Damit bekennen sich Weber wie Luhmann zu einer Tradition, die schon 1810 von Wilhelm v. Humboldt begründet worden war. Nach Humboldt sollte der Universitätsunterricht vor allem gekennzeichnet sein durch die Begeisterung, die sich einem »belebenden, aber ungezwungenen und absichtslosen Zusammenwirken« von Dozenten und Studenten verdankt, die sich ihrerseits in verschiedener theoretischer Form auf »noch nicht ganz gelöste Probleme« konzentrieren, und erst in zweiter Linie sollte dieser Unterricht der Aufgabe gewidmet sein, »fertige und abgemachte Kenntnisse« zu vermitteln.[39]

Diese zuletzt genannte Unterscheidung ist ausschlaggebend geworden für die Zukunft der Universität in einer Zeit, in der einerseits die Kosten der höheren Bildung in ihrer traditionellen Form beinahe exponentiell steigen, während andererseits neue technische Möglichkeiten der elektronischen Wissensvermittlung äußerst raffinierte Formen angenommen haben und überraschend kostengünstig geworden sind. Mit der einleuchtenden und notwendigen Frage, ob unter solchen Bedingungen zumindest einige der herkömmlichen Formen persönlichen Lehrens und Lernens überhaupt weiterbestehen werden (und sollen), erhält der Begriff der Präsenz zum Schluß unmittelbare

38 Max Weber, *Wissenschaft als Beruf* (1919), München 1921. Siehe meine eingehende Analyse von Webers Text in: »Live Your Experience«, S. 253-260, dt. Fassung in: Gumbrecht, *Die Macht der Philologie*, S. 115-121.

39 Wilhelm von Humboldt, »Über die innere und äußere Organisation der höheren wissenschaftlichen Anstalten in Berlin«, in: ders., *Studienausgabe*, Band 2, hg. von Kurt Müller-Vollmer, Frankfurt a. M. 1971, S. 133-141.

Bedeutung für die Erörterung der Zukunft des Universitätsunterrichts. Natürlich haben die meisten von uns eine wirklich romantische Auffassung von der Lehre. Wie könnte man denn auch entschieden gegen das persönliche Lehren sein (und sei es auch bloß deshalb, weil das Weiterbestehen dieser Lehrform bessere Aussichten für die Zukunft der Universität als Arbeitsplatz bietet)? Dennoch kann kein Zweifel daran bestehen, daß die meisten Lehrveranstaltungen, die ausschließlich auf die Vermittlung von Standardwissen beschränkt sind, schon bald durch eine Vielfalt technischer Hilfsmittel ersetzt werden (sollten), die nicht verlangen, daß Studenten und Lehrer zur gleichen Zeit physisch anwesend sind.[40] Selbst wenn wir Universitätsromantiker dazu bereit sind, ein realistisches Zugeständnis zu machen und den rein informationszentrierten Sektor des Universitätsunterrichts preisgeben, müssen wir wahrscheinlich dennoch einräumen, daß es gar nicht völlig auf der Hand liegt, weshalb denn eigentlich die gemeinsame körperliche Anwesenheit für andere Formen der Lehre so unerläßlich sei. Angesichts des ökonomischen Drucks ist es daher schwierig, unsere Argumentation auf dem Gleis zu halten. Hier kann der Rückgriff auf Humboldts Auffassung der die universitären Einrichtungen auszeichnenden Geselligkeit (die Begeisterung durch ein »belebendes, aber ungezwungenes und absichtsloses Zusammenwirken« von Dozenten und Studenten) und den Begriff des »riskanten Denkens« dazu beitragen, unsere Argumente für persönliche Anwesenheit im Seminar schärfer zu fassen. Die Inszenierung des riskanten Denkens sollte nämlich nicht dazu führen, daß Studenten wie Dozenten in der Haltung stummer Ehrfurcht zurückbleiben (der deutsche Altertumswissenschaftler Karl Reinhardt hat in diesem Zusammenhang einmal davon gesprochen, daß der Student »immer vor Türen geführt wird, in die man nicht eintritt«[41]). Aus den verschiedenen Einzelbegegnungen der Studenten mit Komplexität sollten ver-

40 Das entspricht auch der Prognose des früheren Stanford-Präsidenten Gerhard Casper, der sich in seiner Werner-Heisenberg-Vorlesung vom 3. Juli 1996 (»Eine Welt ohne Universitäten?«) über dieses Thema geäußert hat. Im Schlußteil dieses Kapitels schließe ich mich der Argumentation Caspers an.

41 Siehe Gumbrecht, »Live Your Experience«, S. 263, dt. Fassung in: Gumbrecht, *Die Macht der Philologie*, S. 130.

schiedene Reaktionen hervorgehen (was normalerweise auch tatsächlich der Fall ist), und wenn die Anfangskomplexität, auf die sie stoßen, noch nicht gezähmt, interpretiert oder reduziert ist, werden diese Reaktionen den Status von (Mini-)Ereignissen haben, denn sie werden wirklich unvorhersagbar und daher ausschlaggebend sein für die weitere Entwicklung der Interaktion zwischen dem Dozenten und seinen Studenten. An diesem Punkt besteht die Hauptaufgabe des aktiv lehrenden Dozenten darin, jene Reaktionen weiterströmen zu lassen und in ein Gespräch zwischen den Studenten zu lenken. Das richtet bei den Studenten mehr aus als irgendeine individuelle Reaktion auf Komplexität. Zur gleichen Zeit muß die zweite Hauptaufgabe des Dozenten darin bestehen, diese Diskussionen in der Nähe ihrer (natürlich meistens aus Texten bestehenden) Bezugsgegenstände zu halten, so daß sie nicht grenzenlos ausufern und in unkoordinierte Spekulation übergehen. Einerlei, wie schwierig es sein mag, diesen Prozeß mit einiger Genauigkeit zu beschreiben, so wird doch jeder, der an einer guten Universität studiert hat, wissen, wovon hier die Rede ist und auf welche Art von pädagogischer Begabung ich mich beziehe. Vor allem handelt es sich um die Begabung, auf die anderen zu achten und ihnen völlig offen gegenüberzutreten, ohne dabei in die Falle zu tappen und sich von den Einfällen und Standpunkten der anderen gefangennehmen zu lassen; außerdem ist es die Begabung des guten theoretischen Geschmacks, der sein Augenmerk konzentriert auf genau diejenigen Themen richtet, bei denen keine raschen und bequemen Lösungen in Betracht kommen. Durch diese Offenheit und diese Konzentration wird der Dozent zum Katalysator geistiger Ereignisse – und die Funktion des Katalysators bringe ich mit der Situation physischer Präsenz in Verbindung. Natürlich ist es nicht völlig undenkbar, daß ein derart ereignisgetriebenes, unabgeschlossenes, »einem unbekannten Ziel zustrebendes« Gespräch in einem elektronischen Medium organisiert werden kann, beispielsweise in einem Chatroom (obwohl in Chatrooms noch kein simultanes Schreiben und Lesen möglich ist und obwohl ihr Name offenbar kein hohes Maß an geistiger Spannung verspricht).[42] Aus Erfahrung – zumindest aus der Erfahrung heu-

42 Den Gedanken des »Zustrebens auf ein unbekanntes Ziel« übernehme ich von Martin Seel.

tiger Generationen von Medienbenutzern – wissen wir allerdings, daß unter solchen Bedingungen geführte Gespräche kaum je so intensiv und so fruchtbar sind wie ein auch nur durchschnittliches Gespräch mit realer Präsenz.[43] Warum das eigentlich so ist und ob es für immer so bleiben muß – das sind natürlich Fragen, über die man spekulieren kann.

Ich für mein Teil bin einstweilen fest dazu entschlossen, dem Furor der Verdrängung jedes noch vorhandenen Schnipsels realer Präsenz durch jene beklagenswert hygienischen Computermonitore in der stillen Form der Trägheit ein gewisses Maß an Widerstand entgegenzusetzen. Davon abgesehen ist es offenbar kaum zu vermeiden (obwohl es mir sonderbar vorkommt), dieses Kapitel mit der Feststellung zu beschließen, daß es vielleicht notwendig war, den Begriff »Präsenz« in relativ komplizierter Form zu entfalten, um zu der Einsicht zu gelangen, daß es in unserem eigenen Dozentenberuf seit eh und je in ganz spezifischer und noch nicht ganz zu Ende gedachter Art und Weise um Realpräsenz geht. Es gibt jedoch keine Gewähr dafür, daß es auch weiterhin dabei bleibt. Die Zukunft der Präsenz bedarf unseres gegenwärtigen Engagements.

43 Ein frühes – und kaum ermutigendes – Experiment dieser Art wurde in der Form eines elektronischen Gesprächs zwischen bedeutenden französischen Intellektuellen dokumentiert, siehe *Les Immatériaux*.

Einen Moment Ruhe
Über Erlösung

I

»Ich kann ja verstehen, was dich an dem Begriff fasziniert«, sagte ein Freund, als ich am Schlußteil des vorigen Kapitels arbeitete, »aber was bringt dir die ›Präsenz‹ eigentlich?«[1] Da ich mich noch an den Seiten über die mögliche Zukunft des Universitätsunterrichts abmühte, erwiderte ich mit der zurückhaltenden Freundlichkeit eines Firmenanrufbeantworters, damit habe er genau eines meiner Hauptthemen angeschnitten, nämlich den Gedanken, daß das Nachdenken über den Begriff der Präsenz zeigen würde, wie aussichtslos es wäre, wenn die Geisteswissenschaften den Versuch machten, ihre Existenz durch Hinweis auf eine »soziale Funktion oder einen »politischen Nutzen« zu rechtfertigen. Das hatte mein Freund allerdings gar nicht hören wollen, wie ich seiner Reaktion entnahm, die mir zugleich zeigte, daß er seine Worte nicht als sanft aggressive rhetorische Frage gemeint hatte. Konnte es sein, daß es bei dem Ganzen nicht bloß um das Buch und die Welt ging, sondern um mich, ganz speziell und sozusagen existentiell um mich? Es ging, wie ich annehme (und fürchte), tatsächlich um mich – um mich als einen peinlich gesprächigen älteren Kollegen, der es nicht lassen kann, jeden Text, den er sieht, zu lesen (was beispielsweise auch die Gebrauchsanleitungen für das Zusammenbasteln von Geräten einschließt, die mich gar nicht interessieren), und es ging um mich als unerträglichen Amateurpsychologen, der sich nicht enthalten kann, auch die winzigste Regung im Gesicht der Gesprächspartner zu deuten. Es ging um einen fünfundfünfzigjährigen Professor der Literaturwissenschaft, der in dieser Welt einsam und wahrscheinlich ohne Einkommen dastünde, hätte in der abendländischen Kultur nicht jene sonderbare (und relativ neue) Entwicklung stattgefunden, durch die der Enthusiasmus für die Lektüre literarischer Texte

1 Auch diese Bemerkung stammt von meinem Freund Joshua Landy, ohne dessen strenge Ermunterung ich dieses Buchprojekt fallengelassen hätte. Enttäuschte Leser sollten sich mit ihren Beschwerden daher an ihn wenden.

zur Profession hochgestuft worden ist. Doch welches Interesse – oder welches Problem – könnte es gewesen sein, das ausgerechnet mich (und, wie man hinzufügen könnte, unter allen Wissenschaftlern ausgerechnet mich) zu der Beteuerung veranlaßt hat, in der gesamten Kultur überhaupt einschließlich der Literatur komme es nicht bloß auf den Sinn an: Selbst beim literatur- und kulturwissenschaftlichen Unterricht sollten wir von Zeit zu Zeit innehalten und ruhig sein (denn allzu viele Worte sind der Präsenz nicht günstig)?

Es war überraschend – jedenfalls für einen Angehörigen der bekanntlich selbstreflektierten (und redseligen) Zunft der Geisteswissenschaftler –, daß mich die persönliche Frage des Freundes aus dem Konzept brachte, und da ich ein typischer Geisteswissenschaftler bin, ließ ich mich von dem gegebenen Impuls sogleich zum Nachdenken anregen über das Problem, was mir der Präsenzbegriff eigentlich bringe,[2] denn die willkommene Chance, mehr (ja noch mehr) über mich selbst herauszufinden, wollte ich nicht verpassen. Zunächst kamen mir lediglich – potentiell deprimierende – Erinnerungen aus jenen Jahren in den Sinn, in denen wir alle an die Heilkräfte der Psychoanalyse glaubten. Hatte diese verblüffende Weisheitslehre nicht einst, als der körperliche Behälter meines Ichs auf einer Couch saß (nicht lag!), diesem Ich offenbart, daß alle Menschen, die wie ich selbst als Workaholics gelten, deshalb so hart arbeiten und sich deshalb so sehr abmühen, weil sie unter der intensiv empfundenen (obgleich unbestimmten) Angst leiden, im Grunde ihres eigentlichen Wesens schlicht faul zu sein? Und stimmt es denn nicht, daß ich einen erfreulicherweise zäh wiederkehrenden Tagtraum habe, in dem meine Existenz nach der Emeritierung in einen Zustand bloßen »Daseins« mündet,[3] eine

2 Aus der Frage, was mir der Präsenzbegriff eigentlich bringe, ist nun offensichtlich der Anfang dieses Kapitels hervorgegangen. Wenn man die Einzelkapitel eines Buchs, das als Ganzes bereits eine Widmung trägt, noch einmal bestimmten Personen zueignen könnte, würde ich dieses Kapitel Robert Harrison widmen, der mir einmal ganz aufrichtig gesagt hat, er habe gehofft, ich würde ein »poetischeres Buch« schreiben als die vorliegenden Seiten, die, wie ich fürchte, Harrisons Erwartungen enttäuschen werden. Denn diese Seiten dienen vielleicht nur dem Nachweis, wie gut es ist, daß ich meine dichterischen Triebe sonst – ganz sorgfältig und vollständig – verdränge.

3 Ja, hier spiele ich auf den Peter-Sellers-Film »Being There« an.

Lebensform also, in der man schlicht Raum einnimmt, ohne ansonsten viel zu tun? Ich spürte auch, daß ich plötzlich verstand, warum mich eine bestimmte Strophe von Federico García Lorca immer ganz besonders beeindruckt hatte.[4] An dieser Stelle verspottet der Dichter alle jene Menschen (und sogar jene Tiere), die sich ständig selbst zu übertreffen bemühen, während der »Bogen aus Gips«, wie Lorca am Schluß schreibt, durch sein bloßes Dasein »ohne Mühsal groß« ist. Aus meiner Berufswelt und meiner sozialen Umwelt werden unablässig (mit allen möglichen Anreizen versehene) Vorschläge an mich herangetragen, ich möge mich selbst übertreffen, ein anderer und sogar »ein Jüngerer« werden (aber warum sollte ich jung sein wollen?), und ich muß einräumen, daß ich dieser Anregungen ein wenig müde bin, was vielleicht daran liegt, daß sie mit der halbbewußten, langfristig zustande gekommenen Überzeugung in Einklang stehen, ich sei sowieso nie »gut genug« gewesen (und werde auch nie »gut genug« sein).

Aber indem ich älter (oder wie man Kalifornien sagt: »reifer«) werde, habe ich das Repetitive jener crescendofreien Alltagsrituale schätzen gelernt, die, wenn man nur will, ohne große Mühe gegen störende Unterbrechungen geschützt werden können, wie z. B. das werktägliche Abendessen im Familienkreis. Und indes ich noch reifer werde, stelle ich allmählich fest, wie häufig ich rückblickend den Wunsch habe, ein Gespräch möge ein »vollendetes Gespräch« oder ein Tag möge ein »vollkommener Tag« gewesen sein. Nun weiß ich allerdings, daß ich es mir niemals gestatten werde, einen bestimmten Tag als »vollkommenen Tag« zu bezeichnen, wenn ich mir nicht sicher bin, daß das Positive daran meinen Körper ergriffen hat, und zwar in dem Maße, daß ich das Gefühl habe, ich selbst sei irgendwie die Verkörperung dieses vollkommenen Tags. Falls dieser Satz seltsam und geradezu tautologisch wirkt, kann ich, um eine Alternativbeschreibung zu geben, auf meinen Eindruck verweisen, es sei in erster Linie dieses Gefühl, etwas zu verkörpern, auf das ich Bezug nehme, wenn ich – häufig allzu emphatisch und emotional – über *Präsenz* rede. Ein vollkommener Tag kann meines Erachtens zumindest rückblickend vollkom-

4 Federico García Lorca, »Muerte«, in: ders., *Poeta en Nueva York*, México, D. F., 1940.

men erscheinen, weil er – ebenso wie ein See zunehmend von einer Wellenbewegung erfüllt wird – von einem einzigen und an und für sich kurzen Moment intensiver Freude erfüllt wurde, der mich, *einschließlich meines Körpers*, irgendwann ergriffen hat. Aber der vollkommene Tag kann natürlich auch aus einem einzigen Moment intensiver Traurigkeit bestehen, aus einer schwarzen Traurigkeit, die in meine Organe einsickert. Für Denis Diderot hingegen war der vollkommene Tag einer, an dem er und seine Freunde sich gemeinsam der Freiheit des »Loslassens« hingaben, wobei jede Freude und jede zeitweilige Beschäftigung (von der politischen Diskussion bis zur Kosmetik) möglich, lustvoll und präsent war, da keine dieser Beschäftigungen einen Zweck hatte.[5] Vermutlich steckt hinter meiner Fixierung auf die Form und die Substanz des »vollkommenen Tags« ein Verlangen – ein freilich nie gestilltes und letzten Endes natürlich besser ungestillt bleibendes Verlangen – nach bleibender Dauer solcher Momente der Intensität.

Solange ich mich nicht dazu überreden lasse, ein bestimmter Tag sei tatsächlich ein durch und durch vollkommener Tag gewesen, finde ich mich damit ab, daß ein Alternieren von Intensität und vollkommener Ruhe wahrscheinlich ausreichend wäre.[6] Vielleicht verhält es sich damit genauso wie mit Tag und Nacht. Intensität kann man selbstverständlich herbeiführen und sogar kaufen. Das Problem (die Asymmetrie) liegt darin, daß ich zwar weiß, daß diese Intensität irgendwann ermüdend (oder sogar langweilig) wird, die Ruhe aber nie eintritt, ohne daß ich wünschte, sie möge länger, wenn nicht gar für immer anhalten. Wenn der Tag zu Ende geht, bin ich meistens schon ganz erpicht darauf, möglichst früh aufzuwachen, um mich geistig beunruhigen zu lassen, aber zugleich wünsche ich mir, ich könnte buchstäblich für immer schlafen. Das ist zwar vielleicht ein Todeswunsch, aber ich glaube, daß es vor allem das Gegen-

5 Diesen Hinweis auf Diderot verdanke ich Henning Ritter. Diderots vollkommener Tag war der 15. September 1760; beschrieben wird er in einem Brief an seine Freundin Sophie Volland.

6 Der Versuch, die Präsenz als Synthese von Gegensätzen zu denken, geht auf eine Frage von Werner Hamacher zurück. Nach einem Vortrag, in dem ich die Präsenzeffekte ästhetischer Epiphanien zu beschreiben versucht hatte, fragte er mich, welches denn im Rahmen meines Präsenzkonzepts die »dunkle Seite des Mondes« sei.

teil ist. Denn könnte Heideggers Begriff der Gelassenheit nicht bedeuten, daß man ruhig und zur gleichen Zeit hellwach ist? Womöglich besteht gar kein so großer Gegensatz zwischen völliger Unruhe und völliger Ruhe. Der (bekannte) Wunsch, »ein Baum zu sein«, ist vielleicht nicht ausschließlich ein Todeswunsch (und das gleiche könnte sogar für den Wunsch gelten, ein Bogen aus Gips zu sein). Ist die Gelassenheit denn nicht auch der vollkommene Zustand der Präsenz? Die von Distanzeffekten ungetrübte Intensität des Wunsches, sein zu wollen und da zu sein. Solche Momente könnten der Ursprung des Spannungsverhältnisses zwischen Präsenz und Sinn sein, das eines der Leitmotive meines Buchs darstellt. Ständig habe ich Angst davor, Sinneffekte (oder jedenfalls eine Überdosis solcher Effekte) könnten an meinen Präsenzmomenten zehren, obwohl ich mir darüber im klaren bin, daß Präsenz nie vollkommen sein könnte, wenn Sinn ausgeschlossen wäre. Denn es mag zwar zutreffen, daß Sinn nie zum Vorschein kommt, ohne Distanzeffekte hervorzubringen, aber ebenfalls richtig ist, daß ich, was meine Existenz in der vollen Bedeutung des Worts betrifft, gar nicht »da« sein könnte, wenn Sinn überhaupt nicht zum Tragen käme.

Jeder Versuch zu beschreiben, »was mir die Präsenz bringt«, scheint mich dazu zu verleiten, in etwas peinlichem Staccato Begriffe nebeneinander zu stellen, die nicht ohne weiteres zusammenpassen. Daher möchte ich die Stoßrichtung meiner Frage ändern, so daß sie nicht mehr »Was ist Präsenz?« lautet, sondern »Wie könnte man dahin gelangen?«. Und sobald ich frage: »Wie kann ich dahin gelangen?« – nämlich zur intensiven Ruhe der Präsenz –, kommt mir das Wort »Erlösung« in den Sinn. Aber Erlösung wäre – anders als bei mancher romantischen und theologischen Deutung des Begriffs – nicht eine Rückkehr zu einem Urzustand, dessen Unschuld infolge einer »Erbsünde« verlorengegangen ist. Die Erlösung, die mir vorschwebt, wäre zwar eine Rückkehr, aber sie wäre auch mehr. Nach meiner Vorstellung ist die Erlösung ein Zustand, zu dem man durch das Paradoxon der Ekstase gelangt,[7] also indem man ein Anfangsverhältnis, eine gegebene Situation der Distanz, bis

7 Siehe P. Heinrich, s.v. »Ekstase« in: Joachim Ritter (Hg.), *Historisches Wörterbuch der Philosophie*, Basel 1972, Band 2, Spalten 434-436.

zu einem Extremgrad der Exzentrizität oder gar des Taumels treibt und darauf hofft, auf diese Weise eine Vereinigung – oder, was noch besser wäre, eine Präsenz-in-der-Welt – herbeizuführen, die anfangs genauso außerhalb jeder Reichweite zu sein schien wie jeder andere Traum. Wie könnten wir dahin gelangen? Vielleicht indem wir, nach Möglichkeit an jenem vollkommenen Tag, starke Einzelgefühle der Freude oder der Trauer herausgreifen und uns mit Körper und Geist auf sie konzentrieren, wobei wir es ihnen gestatten, den Abstand zwischen uns (dem Subjekt) und der Welt (dem Objekt) so weit zu steigern, bis er sich plötzlich in einen Zustand des unmittelbaren in-der-Welt-Seins verwandeln kann.

2

Doch wenn ich die Zuflucht zu einer Logik der individuellen Sünde und der Erlösung ausschließe, wird die Frage »Erlösung wovon?« zur sekundären Frage, durch die wieder eine Verbindung zwischen der Ausgangsfrage (»Was bringt mir die Präsenz?«) und dem sozialen Bereich hergestellt wird. Es könnte die Erlösung von der permanenten Verpflichtung zu Bewegung und Veränderung sein, und zwar sowohl im Sinne der nie endenden »historischen« Veränderungen, die uns auf allen diversen Ebenen des Daseins aufoktroyiert werden, als auch im Sinne jener selbstauferlegten Pflicht, aufgrund deren wir uns ständig selbst »übertreffen« und ummodeln wollen. Da wir spüren, daß der Ursprung dieser permanenten Bewegung außerhalb unserer selbst liegt, tendieren wir zumindest seit dem frühen zwanzigsten Jahrhundert dahin, die Dynamik dieser Bewegung auf die »Gesellschaft« zu schieben. Jean-François Lyotard hat im Hinblick auf das Gefühl, sich nach dem Rhythmus dieser zumeist intransitiven – und oftmals heftigen – Bewegungen richten zu müssen, einmal von einer *mobilisation générale* gesprochen.[8] Unsere Arbeit läßt uns heute mehr freie Zeit, als irgendeiner früheren Generation je zu Gebote stand, und dennoch hat keiner von uns je genug Zeit. Ohne Zweifel

8 Siehe Jean-François Lyotard, *Das Inhumane. Plaudereien über die Zeit*, Wien 1989.

liegt es an dieser allgemeinen Mobilmachung, daß wir uns nach jenen kurzen Momenten der Konzentration auf »die Dinge dieser Welt« und der damit einhergehenden intensiven Ruhe sehnen und sie zu schätzen wissen.

Georges Bataille formuliert das hier vielleicht gegebene Problem im Rahmen seiner Ausführungen über das (kulturell determinierte, womöglich auch fehlende) Verhältnis zum eigenen Körper so: Unsere Entfernung von dieser Konzentration und dieser Ruhe ist vielleicht so groß geworden, daß wir Gefahr laufen, das Verlorengegangene nicht einmal mehr zu vermissen.[9] Aber müßten wir nicht ebenfalls sagen – oder zugeben? –, daß wir heute ein Stadium erleben, das jenseits dieses Punkts des – scheinbar – absoluten Verlusts liegt, und zwar ein Stadium, in dem der Wunsch nach dem absolut Verlorenen paradoxerweise zurückkehrt? Ein Stadium, in dem uns dieser verlorengegangene Wunsch sonderbarerweise »wieder« aufgezwungen wird? Denn die heutige Kommunikationstechnik ist zweifellos fast dazu imstande, den Traum der Allgegenwart zu erfüllen, also den Traum von der Unabhängigkeit des Erlebens von dem jeweiligen Ort, den der eigene Körper im Raum einnimmt (und insofern ist dies ein »cartesianischer« Traum). Unsere Augen können in Echtzeit sehen, wie ein Fluß auf einem anderen Kontinent anschwillt und alles überschwemmt oder wie ein zehntausend Kilometer entfernter Sportler schneller läuft als jeder Mensch vor ihm, und wir frönen der Gewohnheit, uns zur Hauptsendezeit Krieg »anzuschauen«, ohne den eigenen Körper einer Gefahr auszusetzen. Manchmal sitzen wir am Tisch unserer Freunde beim Abendessen und reden dabei mit den Kindern, die zu Hause geblieben sind. Auch beim Rendezvous bleiben wir für geschäftliche Anrufe »erreichbar« – und »erreichbar« sein heißt »allgemein mobilgemacht« sein. Das Anschauen eines Kriegs, von dem uns ein Ozean und ein Kontinent trennen, kann zwar bestimmt sogar den Gedanken an das verdrängen, was er für die körperlich daran Beteiligten bedeutet, und die wechselnden Bilder auf den Monitoren, die unsere Welt sind, können zwar zu einer Schranke werden, die uns für

9 Siehe Georges Bataille, »L'Absence de besoin plus malheureuse que l'absence de satisfaction«, in: Denis Hollier (Hg.), *Le Collège de sociologie*, Paris 1979, S. 38f.

immer von den Dingen dieser Welt trennt, aber dennoch können ebendiese Monitore die Angst vor der verlorengegangenen substantiellen Realität und den Wunsch nach ihr wachrufen.[10] Offenbar können unsere Reaktionen in die eine wie in die andere Richtung gehen. Die seltsame Logik, die mich interessiert und die ich hier anzudeuten versuche, scheint jedoch folgendes zu beinhalten: Je näher wir der Erfüllung unserer Allgegenwartsträume kommen und je endgültiger der darauf folgende Verlust des Körpers und der räumlichen Dimension des Daseins zu sein scheint, desto eher ist es möglich, daß das Verlangen, das uns zu den Dingen dieser Welt hinlockt und uns in ihren Raum einbezieht, von neuem entflammt.[11]

Dies ist übrigens der überraschend komplexe (und zumeist verkannte) Gehalt des Begriffs »*special effects*« (und *special effects* machen lediglich einen Teil dessen aus, was in den vorigen Kapiteln als »Präsenzeffekte« bezeichnet wird). Wenn die moderne Kommunikationstechnik ihr Allerbestes gibt oder wenn sie, genauer gesagt, besonders leistungsfähig ist (was wiederum bedeutet, daß ein wenig Glück dabei ist, denn unsere Reaktionen können, wie schon gesagt, stets in die entgegengesetzte Richtung, d. h. in die Richtung des Vergessens gehen), also wenn diese Technik ihr Allerbestes gibt, kann sie das so »speziell« Gewordene paradoxerweise deshalb zurückbringen, weil es von ebenjener Umgebung ausgeschlossen wird, die aus der Ansammlung und Verkopplung von Apparaten besteht.[12] Unter diesem Gesichtspunkt ist es wahrscheinlich – zumindest hoffentlich – nicht sonderlich wichtig, daß man versucht, ein medieninduziertes Gefühl dafür zu bekommen, wie es sein muß, wenn man sich im Nordatlantik auf einem sinkenden Ozeandampfer befindet. Dagegen ist es vermutlich wirklich wichtig,

10 Zum Thema »Monitore, die unsere Welt sind« siehe Wlad Godzich, »Language, Images, and the Postmodern Predicament«, in: Hans Ulrich Gumbrecht u. Karl Ludwig Pfeiffer (Hg.), *Materialities of Communication*, Stanford 1994, S. 355-370.

11 Weitere Beispiele für diese »Logik« finden sich in meinem Artikel »nachMODERNE ZEITENräume«, in: Robert Weimann u. Hans Ulrich Gumbrecht (Hg.), *Postmoderne – globale Differenz*, Frankfurt a. M. 1991, S. 54-70.

12 Hier beziehe ich mich auf Diskussionen über *special effects*, die im Februar 2000 beim Stanford Presidential Colloquium on Engineering and the Humanities geführt wurden.

daß man sich solchen *special effects* aussetzt, die die Wirkung eines Luftangriffs reproduzieren, und ebenfalls wichtig, daß man es sich gestattet, sich von der Intensität einer durch Compactdisc vermittelten Stimme oder von der Nähe eines schönen Bildschirmgesichts buchstäblich berühren zu lassen (obwohl wir solche Momente kaum je als »*special effects*« bezeichnen).

Dies ist nicht ausschließlich ein Effekt der in Anspruch genommenen Technik, sondern es hängt mit unserer Gewohnheit zusammen, daß wir uns mehr auf die im Film oder auf dem Bildschirm gesehenen Gesichter konzentrieren als auf die Gesichter derjenigen, mit denen wir am Tisch zusammensitzen oder mit denen wir uns lieben – zweifellos eine »schlechte Angewohnheit«, aber immer noch besser als das völlige Vergessen der Nähe. Ich bemühe mich also, unsere Medienumwelt weder zu verteufeln noch durch eine geheimnisvolle Aura zu überhöhen. Sie hat uns den Dingen dieser Welt und ihrer Präsenz entfremdet, aber zugleich birgt sie das Potential, einige Dinge dieser Welt wieder zu uns zurückzubringen. Und wenn es wieder klar würde, daß es beim gemeinsamen Abendessen (bzw. beim Lieben) *nicht nur um Kommunikation* (also nicht nur um den »Austausch von Informationen«) geht, dann könnte es wirklich wichtig und nützlich werden – und zwar nicht nur für ein paar romantische Intellektuelle –, daß wir *über Begriffe verfügen, die es uns gestatten, auf das unabänderlich Nichtbegriffliche an unserem Leben zu zeigen.*

Manchmal frage ich mich, ob unsere maßgeblichen epistemologischen Theorien – unsere epistemologischen Alltagstheorien ebenso wie unsere wissenschaftlichen Theorien – uns nicht im Rahmen einer Logik tangieren, die der Logik der *special effects* ähnelt. Angesichts des Wegs, auf dem uns das abendländische Denken geführt hat, und angesichts der verheerenden politischen Wirkung philosophischer Theorien und Ideologien, die sich auf ontologische Prämissen stützen und absolute Wahrheit beanspruchen, kann es durchaus sein, daß wir zumindest in praktischer Hinsicht gar keine Alternative haben zu jener Palette von Weltanschauungen, die wir unter Bezeichnungen wie »Konstruktivismus« oder »Pragmatismus« subsumieren.[13]

13 Hier beziehe ich mich vor allem auf die philosophischen Arbeiten von Richard Rorty, deren politische Bedeutung ich völlig gutheiße.

Aber das Wohnen in (wesentlich pluralischen) Welten, von denen wir wollen, daß sie durch sich verändernde Mengen von Begriffen, Diskursen und Erzählungen geprägt und »konstruiert« werden, erzeugt offenbar den Wunsch nach etwas, was diese Begriffe, Diskurse und Erzählungen – zumindest aus konstruktivistischer oder pragmatistischer Perspektive gesehen – nicht einmal mehr zu berühren vorgeben. Und vielleicht wird auch dieser Wunsch um so stärker, je vollendeter wir unseren Konstruktivismus kultivieren. Vielen jungen (und nicht mehr so jungen) Menschen vermittelt das Piercen des eigenen Körpers ein Gefühl der »Fundierung«, so daß sie sich die – irgendwie ontische – Gewißheit verschaffen, »am Leben« zu sein.[14] Dabei geht es mir freilich nicht darum, daß wir deshalb einfach zu einer in höherem Maße »substantialistischen« Denk- und Lebensweise zurückkehren sollten, obwohl ich tatsächlich der Überzeugung bin, daß gerade »wir Geisteswissenschaftler« uns die Zeit nehmen sollten, dieses Verlangen in Augenschein zu nehmen und etwas damit anzufangen. Nach meinem Dafürhalten wäre schon viel gewonnen, wenn uns solche Reaktionen zumindest die Möglichkeit gäben, inmitten des technologischen und epistemologischen Lärms unserer allgemeinen Mobilmachung hin und wieder einen Moment der Ruhe zu finden. Daß die Dinge dadurch verzögert würden, ist keine wirkliche Gefahr, denn wir leben in einer Umwelt, die es uns gar nicht gestattet, länger als für *Momente der Präsenz* innezuhalten.

3

Inzwischen ist hoffentlich klar geworden, daß diese kurze Schrift nicht als »Pamphlet gegen« Begriffe und Sinn generell oder gegen Verstehen und Interpretation gedacht ist. Ebensowenig richtet sie sich gegen das cartesianische Erbe unserer heutigen Kultur(en). Schon die bloße Suche nach Worten zur Beschreibung dieser potentiellen Mißverständnisse macht deutlich, wie ungereimt – wie grotesk, ja »faschistisch« – es

14 Diese These über die psychischen Vorteile des Piercens geht auf einen Brief (und die empirischen Beobachtungen) von Thomas Schleich zurück.

wäre, wollte man auf Begriffe, Sinn, Verstehen oder Interpretation verzichten. Mein marginaler (aber hoffentlich nicht völlig trivialer) Beitrag besteht vielmehr in der These, daß diese cartesianische Dimension nicht die ganze Komplexität unseres Daseins abdeckt (und nie abdecken sollte), obwohl man uns genau das mit wahrscheinlich heftigeren Druckmitteln denn je zuvor weismachen will.

Aber irgendwie muß ich das Mißverständnis hervorgerufen haben, ich erträumte mir die finstere Welt der reinen Substanz,[15] und dieser Eindruck war der Anlaß zu einigen der eindringlichsten Kritiken, die in den letzten Jahren an meinen Arbeiten geübt worden sind. Ganz allgemein möchte ich sagen, daß ich jeder dieser Kritiken zustimmen würde, wenn ich tatsächlich vorhätte, einfach etwas anderes an die Stelle des von mir angesprochenen »cartesianischen Erbes« zu setzen. Ich behaupte jedoch nichts weiter, als daß wir uns genügend Zeit nehmen sollten, um über einige Konsequenzen der *ausschließlichen* Vorherrschaft der cartesianischen Weltsicht nachzudenken und auf sie zu reagieren; und es ist eine häufig begangene Verwechslung anzunehmen, das Nachdenken über etwas impliziere den Imperativ, dieses Etwas zu verändern oder gar zu ersetzen.[16] Unter diesem Gesichtspunkt räume ich also ein, daß das, was ich im vorliegenden Buch zu sagen habe, nicht der allgemeinen Erwartung entspricht, unsere geisteswissenschaftliche Tätigkeit werde in einem politischen oder (weniger spezifisch ausgedrückt) in einem »sozialen« Sinn »kritisch« sein.[17] Zumindest ein wenig kritisch glaube ich mich zu verhalten, was den Verlust der Präsenzdimension in unserer heutigen Kultur anlangt. Es stimmt jedoch – und ich möchte das unterstreichen –, daß meine Argumentation etwas »Affirmatives« hat. Kritisches Verhalten impliziert immer, daß man diese oder jene Umgestaltung im Schilde führt (und daran ist überhaupt nichts auszuset-

15 Diese Worte erinnern mich an Friedrich Kittlers Buch *Die Nacht der Substanz*, Bern 1989.

16 Das ist vermutlich der Punkt, auf den Heidegger hinauswill, wenn er herausstreicht, das Denken impliziere immer einen Aspekt des »in-die-Acht-Nehmens«, siehe Heidegger, *Was heißt Denken?* (1954), 4. Aufl. Tübingen 1984, Zweiter Teil, VIII, S. 124.

17 Hier spreche ich einen weiteren wichtigen Einwand von Werner Hamacher an.

zen!), während die Konzentration auf die Dinge dieser Welt eher mit dem Wunsch nach »einem Moment der Ruhe« einhergeht (wogegen ich ebenfalls nichts einzuwenden habe). Falls manche Freunde, Kollegen und Leser (speziell meiner eigenen Generation) diesen Wunsch nach Ruhe als einen Schritt in Richtung Konservatismus (oder sogar als »Verrat« an einem Vermächtnis dieser Generation) interpretieren, kann ich nichts daran ändern. Es könnte sogar sein, daß ich Solidarität für jene Verfechter einer ökologischen Politik empfinde, denen man den (sowohl absurden als auch wohlbegründeten) Vorwurf gemacht hat, sie seien »neokonservativ«. Vor allem möchte ich jedoch zurückfragen: Warum sollte man sich gegenüber den blinden Flecken der eigenen Generation in der Pflicht fühlen?

Im vorigen Kapitel habe ich auf jene Interpretation repliziert, die den Wunsch, »im gleichen Rhythmus zu schwingen wie die Dinge dieser Welt«, als einen Wunsch nach Harmonie deutet – was natürlich zu der Behauptung paßt, mein Standpunkt sei nicht »kritisch« genug oder gar (Gott behüte!) »affirmativ«. Prinzipiell gesprochen, vermag ich hinter diesem Urteil zwei Motive zu erkennen. Was dahinter steht, kann entweder ein allgemeines Vorurteil gegen alles Harmonische sein oder die Befürchtung, das Eingehen auf den Wunsch nach Harmonie könne unsere Aufmerksamkeit von einer alles andere als »harmonischen« Realität ablenken. Ich gebe zu, daß ich für den ersten Einwand keine Sympathie aufbringen kann (obwohl es natürlich leichtfällt, sich die Ästhetik einer Welt vorzustellen, von der die Harmonie ausgeschlossen wäre). Doch indem ich die volle und ehrfurchgebietende Verantwortung akzeptiere, die Weltsicht eines alternden Mannes zu vertreten, möchte ich – als wirklich alternder Mann – darauf insistieren, daß ich die wenigen Harmonie-Momente, die mir widerfahren, höchlich zu schätzen gelernt habe. Das geht so weit, daß ich zu der Ansicht gekommen bin, wir sollten uns dieses Sehnen nie von unseren politischen Überzeugungen (sofern vorhanden) verdüstern lassen. Denn was wäre der Sinn politischer Entwürfe und potentieller Umgestaltungen, wenn man keine Vorstellung von einem angenehmeren Leben hätte?

Aggressiver klingt die Frage, ob hinter dem Wunsch, im gleichen Rhythmus zu schwingen wie die Dinge dieser Welt, nicht etwas Pathologisches stecke, nämlich eine pathologische Form von »Fetischismus«.[18] Ich für mein Teil kann bestimmt keine Affinität entdecken zwischen meinem Argumentationsziel und dem Sinn, den Karl Marx diesem Wort gegeben hat. Unter dem Stichwort »Fetischismus« kritisiert er ein Festhalten an den »physischen« Aspekten der Waren, eine Fixierung, die uns der Fähigkeit beraubt, diese Waren als Symptom und Ausdruck sozialer Verhältnisse zu begreifen, insbesondere als Symptom und Ausdruck der spezifisch kapitalistischen »Verhältnisse der Warenproduktion«.[19] Sofern ich speziell auf diese Bedeutung des Worts »Fetischismus« reagieren muß, werde ich wieder darauf pochen müssen, daß ich gar kein Interesse habe an einer radikalen Verdrängung der Sinndimension, zu der das Begreifen der Verhältnisse der Warenproduktion ja wohl gehören würde. Auf einer allgemeineren Ebene sollte ich wahrscheinlich hinzufügen, daß der Wunsch nach Präsenz und Dinghaftigkeit, für den ich mich einsetzen möchte, ganz und gar nicht gleichbedeutend ist mit dem Wunsch, diese Dinge zu »besitzen« oder auch nur an ihnen »festzuhalten«. Vielmehr möchte ich auf dem beharren, was sich durch bloßes (und sei's noch so schwach ausgeprägtes) Wiederherstellen der Beziehung zu den Dingen dieser Welt wiedergewinnen ließe. Daß ich darauf achte, wie sich mein Körper (beim Wandern beispielsweise) zu einer Landschaft oder (beim Tanzen etwa) zur Präsenz anderer Körper verhält, läuft bestimmt nicht auf das gleiche hinaus wie der Wunsch nach Grundbesitz oder Tagträume von sexueller Dominanz. In der freudianischen Tradition akzentuiert der Begriff des Fetischismus die Fixierung des einzelnen auf bestimmte Objekte (oder Arten von Objekten). Dabei handelt es sich um Formen von Fixierung und Abhängigkeit, die sich durch die bewußten Interessen einzelner Personen an diesen Objekten nicht erklären lassen. Die einzige kritische Frage, die sich aus dem freudianischen Gebrauch des Begriffs ergibt, lautet demnach, ob der Wunsch, im gleichen Rhythmus zu schwingen wie die Dinge dieser Welt, notwendig die Gefahr nach sich ziehe, eine Sucht hervorzurufen, d.h. ob er unsere

18 Hier beziehe ich mich auf eine Diskussion mit meinem Freund Luiz Costa Lima im Rahmen eines im Mai 2002 in Rio de Janeiro veranstalteten Seminars.

19 Karl Marx, *Das Kapital*, Teil 1, »Ware und Geld«, in: Karl Marx u. Friedrich Engels, *Werke*, Berlin 1983, Band 23, S. 86f.

Fähigkeit zur Abstandnahme von den Dingen dieser Welt zunichte machen könne. Darauf ist wieder zu replizieren, daß eine gesteigerte Sensibilität für die Dinge dieser Welt im allgemeinen nicht gleichbedeutend ist mit einer Fixierung auf *bestimmte* Dinge. Vor allem würde ich jedoch gern zurückfragen, ob das Interesse am Fetischismus nicht eine durchaus problematische Fixierung auf die als absoluter Wert aufgefaßte geistige (und sogar räumliche) »Distanz« beinhaltet.

4

Trotz all der Selbstironie und all der geistigen Distanz, mit der ich heranzugehen versucht habe an die theoretische »Agenda« meiner Generation der sogenannten »Achtundsechziger« mit ihrer inzwischen grotesken Verpflichtung auf ewige Jugend und ihrer zuweilen masochistischen Fixierung auf eine ausschließlich »kritische« Weltsicht, und trotz all meiner eifrigen Bemühungen um Vermeidung einer fetischistischen Bindung an die Werte dieser nie zu Ende kommenden geistigen Adoleszenz hat es eine »generationsspezifische« Reaktion auf meine Gedanken über »Präsenz« gegeben, die mich wirklich überrascht hat, und zwar in solchem Maße, daß dadurch schließlich einige überaus generationsspezifische Sorgen ausgelöst wurden.[20] Hier ist die Rede von dem Verdacht (oder sollte es wie Lob klingen?), ich sei zu einem »religiösen Denker« geworden.[21] Was immer die Absicht hinter dieser Interpretation gewesen sein mag, sie hat mich beinahe so schwer getroffen wie

20 »Wieso eigentlich ›generationsspezifisch‹?« fragt Trina Marmarelli – und es kann durchaus sein, daß sie mit ihrer impliziten Kritik ins Ziel getroffen hat. Ich hingegen hatte geglaubt, diese Frage müsse typisch sein für eine Generation, für deren große Mehrheit jede Form der religiösen Bindung kategorisch ausgeschlossen ist oder zumindest ausgeschlossen zu sein pflegte.

21 Die erste Äußerung dieses Gedankens ist mir 1998 zu Ohren gekommen, und sie stammte von David Wellbery, der sie vermutlich als Äußerung seiner Besorgtheit gemeint hat. Der gleiche Verdacht steht allerdings auch auf der Liste jener Kritikpunkte, mit denen mich Joshua Landy ständig auf Trab hält (siehe die erste Anmerkung zum zweiten Kapitel).

eine Kränkung – und das ist mir von vornherein recht seltsam vorgekommen.

Meine erste Argumentation war daher rein defensiv, doch jetzt weiß ich, daß das zu simpel gedacht war. Ich erwiderte nämlich: Hier habt ihr es doch mit jemandem zu tun, der es weder bereut noch gut findet, daß er nicht in die Kirche geht, doch wie kann man einen solchen Durchschnittsrenegaten und sein Buch als »religiös« apostrophieren, wenn kein einziger Hinweis auf Gott gegeben wird bzw. auf einen transzendenten Bereich, der einen solchen Gott beherbergen könnte? War denn mein Wunsch, wieder ein Verhältnis zu den Dingen dieser Welt herzustellen, nicht so streng immanenzphilosophisch gedacht, wie man es sich überhaupt nur ausmalen kann? Ja, erwiderten meine Freunde, dieses Verlangen nach den Dingen dieser Welt ist dermaßen streng immanenzphilosophisch gedacht, daß es einen Anflug (oder auch mehr als nur einen Anflug) von Mystik zu haben scheint. Schließlich handele es sich um ein Sehnen nach größerer Nähe zu den Dingen dieser Welt und nach mehr Kontaktintensität, als in unseren Alltagswelten möglich wäre – und in dieser buchstäblichen Bedeutung des Wortes habe mein Wunsch gewiß etwas »Transzendentes«. Daß mir kein überzeugendes Gegenargument einfiel, machte mich mehr als nur ein wenig verlegen, und so fragte ich mich zum erstenmal ganz ernsthaft, ob es wirklich angehe, daß ich zum »religiösen Denker« geworden sei, ohne es zu merken und ohne es zu wollen. Auf diese Weise entdeckte ich von neuem eine gewisse Faszination durch Theologisches, die bis in meine ersten Universitätsjahre zurückreicht und die, wie ich jetzt glaube, nie ganz verschwunden ist. Waren mir jene Theoretiker, die sich im Namen der Aufklärungstradition bemüht hatten, die Theologie aus der wissenschaftlichen Welt auszugrenzen, nicht immer schon sehr borniert und sogar bedauernswert vorgekommen? Waren sie nicht die sieben Zwerge der Aufklärung, durch deren übereifrige Einstellung ein großartiges theoretisches Erbe in eine verklemmte Mittelschichtideologie verwandelt wurde?

Ich kann mich nicht mehr erinnern, ob ich mich eher ermutigt oder eher gefoppt fühlte, als ich später eine starke Affinität entdeckte mit den Arbeiten einer modernen Gruppe junger britischer Theologen, deren Standpunkt als »radikale Orthodoxie« gekennzeichnet wird. Aber ihr Vorhaben, »die Ontologie vor der ausschließlichen Dominanz der Erkenntnistheorie zu retten«, war gewiß nach meinem Geschmack. Es war ein Vorhaben, mit dem ich mich identifizieren konnte. In noch höherem Maße hatte ich dieses Gefühl im Hinblick auf eine Selbstbeschreibung der radikalen Orthodoxie, die von Catherine Pickstock stammt, der zufolge »die politische Ethik aufhören sollte, reaktiv zu sein; sie sollte jenen Projekten der menschlichen Vorstellungskraft Vorrang einräumen, die nicht bloß das untaugliche Ziel anstreben, unsichtbare Subjekte anzuerkennen, sondern erscheinende Körper miteinander verbinden«.[22] Entsprach dies – der Vorschlag, »erscheinende Körper miteinander zu verbinden« – nicht genau meiner Sehnsucht? Würde diese Konzentration auf das Erscheinen nicht dazu beitragen, eine Welt aufzubauen, in der wir mehr sein könnten als »unsichtbare Subjekte«?

(Un)glücklicherweise – zum Unglück, was mein Sympathiegefühl betrifft, zum Glück, was die begriffliche Klarheit anlangt – stehe ich jedoch auf der Seite, die Pickstock im nächsten Absatz als »in raffinierter Form götzendienerische Hypostasierung des Unbekannten ›jenseits des Seins‹« charakterisiert. Diesen Absatz werde ich zur Gänze zitieren, denn während ich den Platz akzeptiere, von dem ich annehme, daß er Standpunkten wie dem meinen zugedacht ist, enthält dieses Zitat eine erhellende Antwort auf die Frage, wo die Grenze zwischen religiösem Denken und nichtreligiösem Denken verlaufen mag. Was ich hier als »religiöses Denken« bezeichne, heißt bei Pickstock »Theologie«,[23] und das Zitat beginnt mit dem Versuch der Autorin, Praktiken zu beschreiben, die, obwohl sie sich selbst nie als »religiös« oder »theologisch« definieren würden, die

22 Catherine Pickstock, »Postmodern Scholasticism. A Critique of Recent Postmodern Invocations of Univocity«, Manuskript Cambridge 2002, S. 38.

23 Eine weitere Frage würde lauten, ob »Theologie« wirklich auf das gleiche hinausläuft wie »religiöses Denken«. (Auf diese Frage, über die heute im Rahmen der geistigen Welt religionswissenschaftlicher Forschung viel diskutiert wird, hat mich Charlotte Fonrobert aufmerksam gemacht.) Was allerdings meine eigenen Anliegen im Kontext dieses Buchs anlangt, würde die Unterscheidung zwischen »religiösem Denken« und »Theologie« vermutlich keinen erheblichen Unterschied machen.

Existenz von Grenzen der menschlichen Kontrolle und Vernunft anerkennen:

> Aber genausogut könnten wir diese Projekte deshalb weiter verdächtigen, weil sie nur zum Teil und in unzulänglicher Form aufzeigen, was wir nie zur Gänze beherrschen können, während wir zugleich anerkennen, daß dieses geheimnisvolle Element in geringem Maße auch bei den Menschen anzutreffen ist, die sich nie auf die Rolle als Mitspieler bei staatsbürgerlichen Prozessen reduzieren lassen. In dieser Weise würde das säkulare Pendant zur Gnade und zur Via negativa hinausdenken über die Idolatrie des von Menschen Gestifteten oder die in raffinierterer Form götzendienerische Hypostasierung des Unbekannten »jenseits des Seins« [»*beyond being*«]. Statt dessen würde es die Erscheinung des Vorenthaltenen oder das Vorenthalten in der Erscheinung denken. Dieser Gedanke verlangt außerdem, daß die liturgische Praxis des Suchens als ein Mysterium aus unbekannter Quelle jene Gnade empfängt, die die Menschen in Harmonie aneinander bindet. Aber wer so etwas denkt, der denkt theologisch; das »säkulare Pendant« verblaßt und wird zum Denken der Inkarnation und der Deifikation, der Suche nach einer liturgischen Praxis, von der die ständige Ankunft der Ehre Gottes bei der Menschheit in Betracht gezogen würde.[24]

Ich möchte gewiß nicht behaupten, daß irgendein Aspekt der komplexen Argumentation von Catherine Pickstock verfehlt ist oder daß diese Argumentation und Pickstocks ganzer Standpunkt nicht ernst genommen werden sollten (sei es an der Universität oder in irgendeinem anderen theoretischen Kontext). Einstweilen möchte ich nichts weiter sagen, als daß ihre Beschreibung der »liturgischen Praxis« bei mir keinen Anklang findet. Ich spreche nicht an auf eine Praxis des Suchens, die »als ein Mysterium aus unbekannter Quelle jene Gnade empfängt, die die Menschen in Harmonie aneinander bindet«. Meine Gründe müssen persönlicher und existentieller Art sein, denn ich kann sie nicht mit potentiellen Mängeln der als »radikale Orthodoxie« bezeichneten theoretischen Position in Verbindung bringen. Vorläufig ist es demnach so, daß Pickstocks Beschreibung zeigt, was mich vom »religiösen Denken« trennt, und zur gleichen Zeit klarmacht, warum der Eindruck theoretischer Nähe zum religiösen Denken bestimmt angemessen ist.

24 Pickstock, »Postmodern Scholasticism«, S. 38.

In dem indirekt auf Heidegger verweisenden Satz schreibt Pickstock das Wort »*being*« (»Sein«) mit kleinem Anfangsbuchstaben, und das geschieht vermutlich nicht ohne polemische Absicht. Das mit großem Anfangsbuchstaben geschriebene »*Being*« muß aus ihrer Perspektive wie ein Versuch wirken, sich gleichzeitig theologisch und nichttheologisch zu verhalten. Damit stellt sich die Frage, ob es möglich und legitim ist, an etwas zu denken, was »jenseits« des Seienden liegt (»*being*[*s*]« mit kleinem Anfangsbuchstaben), also jenseits der unsere Alltagswelten bildenden Entitäten – *ohne dabei ins Theologische zu geraten.* Pickstock muß diese Frage mit »Nein« beantworten. Ich hingegen bin der Überzeugung, daß der Begriff »Sein« im Sinne der »Dinge dieser Welt ohne Begriffsraster« ein Begriff ist, der weder impliziert noch verlangt (noch ausschließt!), daß man sich auf jene »liturgische Praxis« bezieht, die in Pickstocks Sprache die Grenze zwischen »theologischem Denken« und »raffiniertem Götzendienst« markiert. Diese Grenze bleibt natürlich offen – und das sage ich nicht deshalb, weil mir der Sinn nach Überschreitung dieser Grenze steht (eigentlich schockiert es mich sogar ein wenig, wie gleichgültig mir die Sache ist). Es stimmt jedoch, daß die Ansichten des späten Heidegger über eine »Seinsgeschichte« und die Möglichkeit oder Unmöglichkeit des Vorkommens einer »Entbergung des Seins« offenbar ins Theologische hineinspielen und sich insofern von dem an und für sich genommenen Begriff »Sein« unterscheiden. Heidegger spricht nämlich vom Alternieren jener Situationen, in denen die Entbergung des Seins möglich ist, mit Situationen, in denen diese Entbergung unwahrscheinlich wird, als einer Bewegung, die völlig außerhalb der Reichweite des menschlichen Denkens und Wissens liegt und daher zumindest potentiell ein »Mysterium aus unbekannter Quelle« darstellt.[25] Letzten Endes hängt vielleicht alles davon ab, ob man sich geneigt (oder sogar genötigt) fühlt, Fragen über diese »unbekannte Quelle« zu stellen, und ob man vielleicht geradezu den Wunsch hat, mit dieser Quelle in Verbindung zu stehen oder sich mit ihr zu verständigen. Trotz all

25 Es ist kein Zufall, daß Heideggers berühmter Satz »Nur ein Gott kann uns retten« aus dem postum veröffentlichten *Spiegel*-Gespräch in einem Zusammenhang vorkommt, in dem er über die Seinsgeschichte spricht.

der impliziten theologischen Motive in Heideggers Philosophie gibt es meines Wissens keine expliziten Textstellen, die uns zu der Annahme nötigen, Heidegger habe jenen Wunsch gehabt. Damit stehe ich Heidegger wieder einmal sehr viel näher, als mir lieb wäre (wenn ich die Wahl hätte).

5

Auf den letzten Seiten dieses Buchs werde ich den Versuch machen, die wunderbar beruhigende Wirkung zu beschreiben, die einige No- und Kabuki-Aufführungen – also in einer der beiden klassischen Formen inszenierte Aufführungen des japanischen Theaters – bei mir hinterlassen haben, und zwar unabhängig von irgendwelchen theoretischen Belangen, deren ich mir bewußt war. Deshalb werde ich nach Möglichkeit der Verlockung widerstehen, nochmals meine Vorstellungen von einer möglichen Beziehung zwischen diesen Inszenierungsformen und dem Zen-Buddhismus sowie zwischen dem Zen-Buddhismus und Heideggers Seinsbegriff zu erklären.[26] Ich bin nämlich wirklich der Überzeugung, daß es keinen größeren Theoriekitsch gibt als die Begeisterung für den Zen-Buddhismus auf seiten westlicher Intellektueller, die (ebenso wie ich selbst) keine einzige asiatische Sprache beherrschen und die eine oder andere asiatische Kultur allenfalls als Touristen kennengelernt haben. Ich möchte hier bloß darauf hinweisen, daß das »Nichts« nach Zen-Auffassung ein Bereich ist, in dem die Dinge nicht durch Formen und Begriffe gestaltet sind, mithin ein Bereich, der dem Zugriff der menschlichen Erfahrung entzogen ist (dies ist jedenfalls die Meinung anerkannter Experten).[27] Zen-Meister lehren ihre Schüler, der Versuchung zu widerstehen, den Übergang vom Ungeformten des Nichts in die »Alltagswelt« (wie man im Rahmen einer bestimmten westlichen Tradition sagen würde), also in eine durch Begriffe und Formen strukturierte Welt, überhaupt zu denken. Denn wenn

26 Siehe Hans Ulrich Gumbrecht, »Martin Heidegger's Japanese Interlocutors. About a Limit of Western Metaphysics«, in: *Diacritics* 30, 4 (Winter 2000), S. 83-101.

27 Siehe beispielsweise Keji Nishitani, *Religion and Nothingness*, Berkeley 1982.

das Ungeformte je diese Grenze überschritte, würde es Form annehmen müssen.

Ohne Anspruch auf eigene Sachkenntnis möchte ich daher geltend machen, daß wir ein bestimmtes Inszenierungsmittel, das von zentraler Bedeutung für No und Kabuki ist, mit jenem einen Gedanken in Verbindung bringen können, den zu denken den Zen-Schülern untersagt ist.[28] Im No wie im Kabuki betreten und verlassen alle Akteure die Bühne über eine Brücke, die von einem »Haus« (einem Holzgehäuse, das groß genug ist für die Körper mehrerer Schauspieler) durch das Publikum zur Bühne führt (die Sitzplätze in der Nähe der Mitte dieser Brücke sind die teuersten). Nun nimmt dieses Auftreten und Verschwinden der Bühnenfiguren häufig mehr Zeit in Anspruch als die eigentlichen Szenen und Interaktionen, an denen die Akteure auf der Bühne teilnehmen. Beim No-Spiel scheinen die Körper der Akteure synchron mit dem (für westliche Ohren) monotonen Klang zweier archaischer Trommelarten Form und Präsenz zu erlangen, sobald sie hinter einem Vorhang hervortreten und sich im Zuge einer beinahe endlos hinausgezögerten Abfolge von Vorwärts- und Rückwärtsbewegungen der Bühne nähern. Wenn die Mimen die Bühne verlassen, vollführen sie nochmals ganz ähnlich choreographierte Schritte und rufen nun den Eindruck hervor, daß sie ihre Form und ihre Präsenz ungeschehen machen. Vor allem No-Spiele und deren Musik sind von atemberaubender Langsamkeit und Repetitivität. Doch wenn man den ersten Impuls überwindet, der sich mit einiger Wahrscheinlichkeit beim westlichen Zuschauer einstellt, und dem Wunsch widersteht, das Theater nach der ersten halben Stunde etwa zu verlassen, und wenn man genügend Geduld hat, um die Langsamkeit des Auftauchens und Verschwindens der Form und der ungeformten Präsenz auf sich wirken zu lassen, dann kann man nach drei oder vier Stunden No bemerken, wie sich das eigene Verhältnis zu den Dingen dieser Welt verändert hat. Vielleicht wird man sogar die Gelassenheit spüren, die es gestattet, die Dinge auf sich zukommen zu lassen, und vielleicht wird man aufhören zu fragen, was diese Dinge bedeuten

28 Siehe die äußerst beeindruckenden Beschreibungen des japanischen Theaters in: Karl Ludwig Pfeiffer, *The Protoliterary. Steps Toward an Anthropology of Culture*, Stanford 2002, S. 131-134 u. 143-166.

– denn nun scheinen sie einfach präsent und bedeutungsvoll zu sein. Vielleicht wird man sogar feststellen, wie man, während man die Dinge ganz langsam zum Vorschein kommen läßt, selbst zu einem Teil dieser Dinge wird.

Aber ist das nicht letzten Endes ein religiöses Erlebnis oder zumindest der Ersatz für ein religiöses Erlebnis? Geht man von meinem (wie ich betonen muß: ungesicherten) Eindruck aus, daß das No-Spiel und das Kabuki-Spiel an das Zen-Motiv des unmöglichen Übergangs vom Nichts in die Welt der Formen und Begriffe erinnern, ist es wirklich möglich, eine Antwort auf diese Frage zu finden – eine Antwort allerdings, die ebenso mehrdeutig ist wie die Dämonen, diese Seelen der Verstorbenen, die zur Welt zurückkehren und die Lebenden quälen. Die Dämonen des No und des Kabuki scheinen für den Weg zur Bühne noch mehr Zeit zu benötigen als die übrigen Figuren. Sobald sie auf der Bühne stehen, können sie alle möglichen Arten und Formen menschlicher Körper und menschlicher Rollen übernehmen. Doch wenn sie »bloß Dämonen« sein sollen, tun die Akteure alles Erdenkliche, um jeden Eindruck von Geformtheit zu verwischen. Dann wirkt ihr Haar zerzaust, die Rhythmen ihrer Körperbewegungen scheinen unregelmäßiger zu werden, und in den Kabuki-Spielen (bei denen die Akteure keine Masken tragen) sind ihre Augen weder geschlossen noch geöffnet, und sie strecken die Zunge heraus. Denn die Dämonen sind von dieser Welt – und zugleich nicht von dieser Welt. Zum Schluß ruft ihre Präsenz auf der Bühne Momente stiller Intensität hervor, d. h. Momente äußerster Ruhe und äußerster Beunruhigung. Die Zungen der Dämonen sind zwar aus Fleisch, doch da sie an der ontischen Doppeldeutigkeit dieser seltsamen Figuren teilhaben, sind sie außerdem Wörter und Sprache.

Als die Rhythmen und die Erscheinungen des japanischen Theaters meinen Körper und mein Vorstellungsvermögen mit Beschlag belegten, kamen mir die Pfingstzungen der christlichen Tradition in den Sinn. Außerdem erinnerte ich mich an jene Gesichter mit ihren plötzlich verschwimmenden Formen und ihren halb geöffneten Augen, die wir alle in ganz besonderen und überaus seltenen Momenten unseres Lebens erblicken – und dies sind wirklich anmutige und zugleich bedrohliche Gesichter. Bedrohlich und anmutig, religiös und nicht religiös

– ich möchte keines dieser Gesichter missen. In diesem Buch habe ich getan, was in meiner geistigen Kraft steht, um sie heraufzubeschwören, und in Zukunft werde ich mich bemühen, ihnen so nahe zu bleiben wie nur möglich.

Danksagung

Klagen über die institutionellen Aspekte ihrer Arbeitsbedingungen sind bei Geisteswissenschaftlern vielleicht noch beliebter als bei jeder anderen Gruppe von Wissenschaftlern. Ich habe zwar nicht den geringsten Ehrgeiz, als Ausnahme von dieser altehrwürdigen Regel zu gelten, aber heute möchte ich voller Dankbarkeit und Zuneigung hinzufügen, daß ich durch die Arbeit an diesem Buch zu der Überzeugung gelangt bin, in der besten aller möglichen Geisteswelten zu leben – sowohl an der Stanford University als auch in der Gelehrtenrepublik insgesamt. Tatsächlich haben mir beim Durchdenken, beim Schreiben und sogar bei der Überarbeitung dieses kurzen Texts so viele Kollegen und Freunde tätig geholfen, daß ich aus banalen Platz- und Proportionsgründen nicht mehr tun kann, als diejenigen zu nennen, deren Unterstützung ganz spezifisch und besonders augenfällig gewesen ist. (Viele andere Personen werden in jenen Kapiteln erwähnt und zitiert, die unter die Gattungsdefinition »Generationsgeschichte« fallen.) Hier werde ich die Adressaten meiner Danksagung in zwei Gruppen aufteilen: die Heimat der einen ist Stanford, die der anderen die Gelehrtenrepublik insgesamt. Dabei kann ich noch nicht einmal an all jene erinnern, die sich mit größter (und wie ich fürchte: schlecht belohnter) Geduld seit mehr als zehn Jahren frühere Fassungen meiner Gedanken über »Materialität«, dann über das »Nichthermeneutische« und schließlich über »Präsenz« angehört haben.

In Stanford möchte ich vor allem Joshua Landy, Matthew Tiews und Margaret Tompkins danken, ohne deren (jeweils unterschiedlich motivierte) Beharrlichkeit ich die Arbeit an diesem Buch einfach aufgegeben hätte. Ferner geht mein Dank an Robert Harrison, denn ohne seine Präsenz kann ich mir mein geistiges Leben gar nicht mehr vorstellen; an Keith Baker für die Meinung, ich sollte hauptsächlich schreiben (ich wünschte, er hätte recht); an John Bender für das eine oder andere Frühstück bei Printer's Inc.; an Robert Buch für sein ausgesucht höfliches Interesse an meinen Manuskripten und Sonderdrucken; an Bliss Carnoch für das die Wände der nachbarlichen Bibliotheksnische durchdringende Erspüren einer Agenda (die ich hier nicht ausbuchstabieren kann); an Niklas Damiris für entfremdend fesselnde Reaktionen (oder waren sie doch als Prügel gemeint?); an Charlotte Fonrobert für eine Grenzziehung zwischen Theologie und »religiösem Denken«; an Cary Howie für die erste Lektüre des gesamten Buchtexts; an Trina Marmarelli für Anmut (und begnadete Lesekunst); an Aldo Mazzucchelli dafür, daß er mich davon überzeugt hat, daß es sogar in der Semiotik um Präsenz gehen kann; an Gabrielle Moyer für ihre Bejahung der These, daß das Fehlen von Sinn nicht unbedingt sinnlos ist; an Andrea Nightingale für den schmeichelnden Versuch, mir die wissenschaftliche Schriftstellerei auszureden; an Nico Pethes dafür, daß er sich an die *Materialität* erinnert hat; an Norris Pope dafür, daß er noch mehr Geduld an den Tag gelegt hat als mancher andere Freund; an Darlene Reddaway für ihr mildes, aber nie herablassendes Lächeln über das Universitätsleben; an Tom Sheehan dafür, daß er meinen Heidegger »erdhaft« genannt hat.

Von zwei verschiedenen (und nicht nur in geographischer Hinsicht entgegengesetzten) Atlantikküsten aus haben Miguel Tamen und João Cézar de Castro Rocha dieses Buch während seiner langen Kindheit und Jugend begleitet und gehegt und dabei ein Maß von Präsenz und Scharfsinn bewiesen, das von keiner realen Präsenz hätte übertroffen werden können. Außerdem geht mein Dank an Henning Ritter in Frankfurt, auf dessen die bloße Billigung übersteigende Zustimmung ich zu Beginn der Niederschrift nicht zu hoffen gewagt hätte; an Luiz Costa Lima in Rio de Janeiro für einen schaurigen Moment bei einer hitzigen Diskussion; an Hermann Dötsch in München für die äußerst schwierigen Fragen, mit denen er mich (im persönlichen und brieflichen Austausch) konfrontiert hat; an Valentín Ferdinán in Middlebury und Montevideo für seine innig empfundenen Leseabsichten; an Werner Hamacher in Frankfurt für Hinweise auf Probleme, die ich übersehen hatte; an José Luis Jobim in Rio de Janeiro für seinen ironischen Segen; an Ulla Link-Heer in Hattingen (und diversen anderen Orten) für ihre Unermüdlichkeit; an Valdei Lopes de Araújo in Rio de Janeiro für seine stille Begeisterung; an Alfonso Mendiola in Mexico City für das längste aller Gespräche; an Felicitas Nöske in Hamburg dafür, daß sie mich nicht wie einen Zug in der Nacht hat vorbeiziehen lassen; an Catherine Pickstock in Cambridge für die einzige E-Mail, die je die Beschreibung »schön« verdient hat; an Joan Ramón Resina an der Cornell University dafür, daß er so gütig war, mich zu überschätzen; an Mads Rosendahl in Kopenhagen für seine intensive Gelassenheit; an Violeta Sánchez Lorbach in Berlin für die Zustimmung zur Patenschaft; an Thomas Schleich in Elsfleth für die Gabe eines Piercings; an Tony Stephens in Sydney für seine Abneigung gegen meinen »parenthetischen« Stil; an Bernd Stiegler in Frankfurt dafür, daß er nie genug kriegt; an David Wellbery in Chicago für seine (mitunter bohrend nachwirkende) Frage, ob ich ein »religiöser Denker« geworden sei; und an Guillermo (y Pilar de) Zermeño in Mexico City für einen unvergeßlichen Tintenfisch.

Register*

* Dieses Register ist eine genaue Adaptation des von Trina Marmarelli erstellten Registers der amerikanischen Originalausgabe.